U0020815

Search

你們來，必要給你們；
你們找，就必找到；
你們敲，必要給你們開。

我心裡的光

基督徒默禱的練習指引

Light Within and A Simple Way

普世基督徒默禱團體神師
文之光神父
Laurence Freeman OSB——著
普世基督徒默禱團體WCCM——譯

CONTENTS

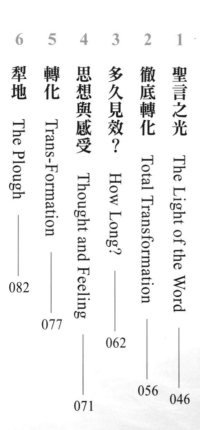

CONTENTS

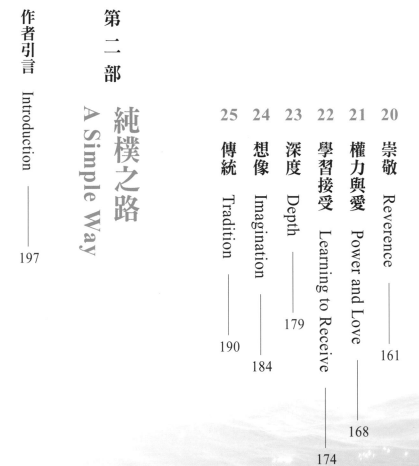

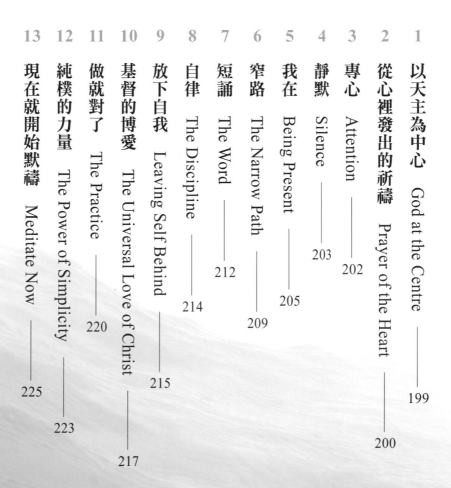

CONTENTS

Foreword
推薦序

我具猶太人血統，容我評論這本指導默禱的書，或許，我最好稱之為引導讀者認識自己的書。

文之光神父（Laurence Freeman）在引言中，提及一位天主教修女前往某個非洲遊牧民族，「教會與政府試圖與這民族融合或傳福音，但族民都堅決拒絕。」這位法籍修女前往非洲只是為了服務，不是代表教會或政府，但是懷著一線希望在服務族民的身體健康需求時，族民會感受到修女的信仰所散發出來的無私的愛，最終族民會受感化而願意分享（她的信仰）。

我想這本書猶如那位修女的精神，引導各宗教信仰的人，甚至那些自稱不屬於任何宗派的人，都能在一切創造之中共融、延續、彼此依附，並且明瞭與明認那至高無上不可知的神。

讀者會明瞭為何我相信服務不需要以何名義，同樣具有決心與無私之心，只需委順與實現那被激發的覺知，無論是直覺、情緒、智力方面，都會使我們與任何活生生的、呼吸的、悸動的生命融合。

綠色和平組織（Greenpeace）、良心犯基金（Prisoners of Conscience Fund）、國際特赦組織（Amnesty International）、紅十字會，以及對饑餓的衣索比亞（埃塞俄比亞）人、對墨西哥或南非受害者的無私的慈悲之心，還有無名戒酒會（Alcoholics Anonymous）、地球之友（Friends of the Earth）等，其他千千萬萬的慈善工作，他們未必是以耶穌之名行善工，但是耶穌確實是良善與智慧活生生的記號，超越了宗教的真實性，能透露隱藏的意涵。

在法國大革命之前，我們這些生活在歐洲的人，絕大部分是基督徒，人民只可尊崇基督信仰的觀點，不准有任何奇想，一切粉飾太平。然而，若是責怪教會規範世人的行為，那就錯了。因為任何信念都會發生罪且積重難返，無論是真或假、偏見或迷信，罪掌管人類的任何層面。我認為當我們涉及愛、平安、默禱的領域，或是救贖、寬恕、報償的可能性時，任何獨特的管道或教義都不實際。

人類與「我們內心的精神與真理之路」的偉大奧祕之間，好像註定需要中間人、仲介。沒有人比耶穌更勝任這個角色，他是猶太人、真理的無辜者，在耶路撒冷死於自己人的手中。（當我正在寫這篇序言時，有幾百萬的無辜者，為了全人類的罪，或是因著全人類的罪而喪生？）悲哀的是，被釘死在十字架上的耶穌，正是世人愚蠢殘酷的貼切反映。

耶穌是寬恕的活工具，佛祖是一面鏡子，讓我們看到和無限奧祕融合的高深智慧。他們彼此接近對方，在他們的神貧誓願中、在真正的智慧中、棄絕與慈悲中，彼此相逢與交會。文之光神父的話語並不僅是針對那些忠貞的基督徒，而且也為那些一心追求真理與美的人，同時還為那些彼此相愛的人，以及那些瞭解形體與精神方面之愛的人。有時，那形體與精神的愛融合為一。有時，那愛是非基督徒或一夫多妻制，有時是一神論與一夫一妻制，無論如何，他們與我們都同樣感受到物質面與永恆面，好似一艘奇特的船同時航向兩個旅程，我們渴望在這無止盡的河流上與所愛的人分享。

文之光神父對於純樸、真實與默禱說得太好了。我們常說「破除惡習」，但是依我個人的經驗，那會令人誤導且不恰當。執迷於衝動與暴力是「人類」的怪異特質，「意志的力量」、「決心」、「暴力」、「報復」等辭句常誤導人。我並非貶抑勇氣這特質，但是，克服困境猶如持恆與耐心於純樸、神貧、清明、寧靜之徑，在那臨界點，好似駕駛手排車的「空檔」，那是變換汽車排量的通道。盡全力與決心達成是衡量成功的因素，沒有肌力與意志力就一事無成。不屈不撓、堅定、無所不敵是當代文化的標誌，我們以為一切都要達到極致，其實我們喪失了對精微弱小的理解能力。只有每天一再回歸到原點，在默禱中享受剎那的平衡，我們才能探索存在於「零到一」之間的微細空間。當我們回歸到那靜默與虛空的境界時，我們會找到力量的根源與方法。力量不是由壓力累積而成，壓力只會伴隨著擔心、焦慮、挫折，而且日積月累；若是你從零點開始建構，力量就會形成，威力是發生於零與一之間，若以最小的直徑衡量那間距，可以隱約感受到零與一之間仍有無數的等級，差距極大。

若是你從零點開始建構，你會發現一千個、一萬個微細差距，你總會回到原點的零。默禱是操練，這「遞減」的操練，不斷使你熟悉於隱密的虛空與顯然的真空，之後自然而然會使得你的生命、存在、整個的生命、整個宇宙、太陽與愛的力量以及原子的重要性都豐富滿盈。

我很感激文之光神父領悟到不嘗試、不抗爭的無為的角色，而是在我們內心，並在我們之間接受那蒙祝福、耐心、治癒的雙手，其中滿溢恩寵、希望與喜樂，拒絕那隨惡習而來的毒性與毒素，它使得我們整個人不平衡、恐懼、健康不良、挫折、不耐煩、不滿意、理想破滅、貪心，有時候那就是「罪」。

「分享天主的奧祕」，即使不明瞭這奧祕，但是愉悅地與這偉大的「不可知」共融，這就是默禱所領悟的真理，歷久彌新。我們要懷著謙遜之心，從存有的核心深處抽離出來，在日常生活中不受「什麼都懂」的攻擊，因為凡事自有其奧祕。各卓越的宗教都會在祈禱、詩詞與哲學中闡述默禱的經驗。

音樂也是一種默禱的形式，雖然我不念短誦，但是在腦海中縈繞著一段樂譜，其經驗並不像默禱，因為默禱時，沒有思想或心靈的啟發，但是音樂確實能使人脫離現世，而進入那位優秀作曲家的思緒內。如果那位作曲家是很有遠見的人，當然也就會分享到他的經驗。這是學習的過程，是一種專注、釋放與逃避的經驗。那也涵蓋了默禱的部分特質，雖然並非純然是默禱，卻讓我片刻體驗深度感受、狂喜、神祕的喜悅感，深深地感動，甚至幾乎令我喜極而泣。然而，要達到這經驗，人必須謙卑地研究那個人的情感、心智與內心；那個人可能是貝多芬、巴托克（Bartok）、巴赫，也可能是詩人，如莎士比亞或荷爾德林（Holderlin）[1]，或是科學家愛因斯坦或達爾文。

個人的生命、幸福或悲慘的經驗，會幫助我們更深入地與這位作曲家的感受與心智相共鳴，若是自己沒有這樣的經驗，就無法完全瞭解他在表達什麼。不過我也發現，因為我小時候彈奏過某位作曲家的

1. 詩人荷爾德林生於一七七〇年，逝世於一八四三年。和哲學家謝林和黑格爾在新教的圖賓根神學院時是室友。出社會後，他一邊擔任家庭教師，一邊寫詩，可惜後來罹患精神疾病而去世。他的作品到了二十世紀才受到重視。

曲子，即使是童稚年齡，這樣的經驗不必用語言或文字表達，它就會自然湧現。可能在母胎中就已經感受到生命的無限、悲劇、喜樂、掙扎與夢想。這些都是生命的元素，而在往後流露出來、行動出來、生活出來，但是它們確實存在每個生命細胞中，也在胎兒中。

我提出長篇大論對默禱的看法，因為這本書不排斥那些懷著直覺或無法明言的需求、感受與渴望的人。默禱不只藉由耶穌或菩薩或其他的名號。默禱可以就是在。在。沒有名號。

耶胡迪・梅紐因爵士（Sir Yehudi Menuhin）

一九八五年十月於倫敦

作者簡介：

耶胡迪・梅紐因（Yehudi Menuhin，一九一六～一九九三），世界著名美國猶太裔小提琴家，曾任英國皇家交響樂團首席指揮。在其對極具浪漫樂風的曲子的處理獲得廣為讚譽後，他經歷了生理上及藝術上的多重困境，源自於他在二戰期間的過勞工作（編按，他在戰時為鼓舞盟軍士氣，巡迴全球演奏五百多場）。這時他開始尋求靜心冥想的幫助，並且繼續操練，這些努力幫助他克服了許多困難。一九九三年他被英國皇室授予終身貴族榮銜。

作者引言 Introduction

最近我造訪英國的默禱團體，正當彌撒即將開始之際，我出去接電話。一位法籍修女要回去非洲，從機場打電話給我。她是醫師，也是一位愛爾蘭外方傳教會的修女；她本來希望能參加這默禱團體，希望團體成員能「記念她」。幾天之後，她將開始一項新任務，陪伴一個遊牧民族。教會與政府努力與這民族融合或傳福音，但都遭到他們的堅決拒絕。這位修女只是想跟這群族人相處，先解決他們身體健康的需求，但是她的臨在會引領他們與基督的臨在相遇。她登機之前說，她忠實於念短誦，獲得力量與支援，並請我們「在心中記念她」[2]，這是若望・邁恩神父（John Main）喜愛的話語，是他引導她開始默禱。

2. In remembrance of her，出自《馬爾谷福音》14：9，耶穌指著伯達尼的瑪利亞所說的話。女性主義神學極為強調這一句話，認為教會歷史上對女性地位的不尊重與耶穌所說的這句話不相匹配。

這本書的各章節是由演講或座談會的內容彙集而成，聽眾是一般過世俗聖召生活的人，他們比外方傳教修女的生活更平凡。然而，他們跟那位修女一樣，都在尋找默禱的方法，以接近最深的靈修能量，得以忠實於靈修生活與持續成長。因為靈修的成長和有有創造力的能量就是耶穌的愛，這是最奧妙與神祕的結合，凡是與耶穌的愛相遇的人都會同心合意，無論這些人是在非洲叢林中，或是在歐洲、美國的郊區實踐神貧與純潔的精神。當我們結伴當朝聖者或門徒時，在那聯結關係中，發現到基督徒的聖召：藉著基督，偕同基督，在基督內，認識天主，並愛祂和服侍祂。這樣的發現轉化了我們的良知，逐漸啟發我們。我們會去尋求內心的聖神，因為缺乏聖神，就無法達成人類的聖召；但是若能與聖神相遇，我們就會重新排列生命中的優先順序，解決默觀與行動之間的衝突，因而領悟到我們的聖召「是」要走上這趟朝聖之旅，與聖神相遇。這條道路「是」真理，而真理會賜予生命。

問題在於默禱太簡易，對我們這些受過良好教育、有專長、具質疑性的、自我分析的人，難以接受它的單純性。若我們學養不足、好趕時髦、不會反思，默禱就更困難了。毫無疑問地，若是默禱再複雜一些，多一些心理或知識方面的學理，那麼會比較容易教導。的確，詮釋祈禱有幫助，但是這本書中所收集的演講內容，其目的是鼓勵人操練而非分析默禱。我們已被制約，以為質疑是走向真理的必經之路，順理成章地質疑任何宣稱簡單之事。然而，我們受到了制約，若

年輕時的文之光神父（左）與恩師若望・邁恩神父。

習以為常，會阻礙我們，致使喪失與生俱來的天真無邪，因而無法相信樸實確實存在，能以依然活潑的傳統互相交流，也可以自我保護免於複雜化。

因此，若這是你初次閱讀有關默禱的書，我不要求你一開始就認為默禱是「唯一」的方法；然而，也希望你不要因為此書所述的簡單方法，而質疑書中的訊息。我們學習這方法，也同樣將它分享出去。你們可以從我的導師若望・邁恩神父的著作中看出，他是純樸與精確的標準模範。我可以明瞭，剛開始他的這些特質被誤解為排他性或是優越感：「你是說，默禱是唯一的祈禱方式？」但假以時日，看到他的教導對人與社會所產生的果實，我們會清楚瞭解，當我們說默禱是「徹底簡單」的祈禱方法時，其實具備包容性而非排他性。同樣地，當我們回憶起耶穌說：「我是道路！」基督徒的傳教工作將轉化成普世性，耶穌的角色不再局限於仲介者。譬如說，沿著河岸走，會引你到大海，卻並不排除河水，以及四面八方的溪水匯流入河水，田地與生物也都依靠這河水而生。在此陳述一個簡單的事實：在基督徒的生活中，處處顯示出純樸。

自我意識愈少，純樸之心愈多，靈性就會成長。祈禱的能力進步與否是無法測量的，但是當我們意識到日常生活中更加散發出愛的精神時，那就是進步，基督徒的默觀祈禱經驗必須在他人的生活中結出果實。聖保祿論及祈禱時說：「我們不知道我們如何祈求才對，而聖神卻親自以無可言喻的歎息，代我們轉求。」（《羅馬人書》8：26）因此，基督徒對祈禱的定義是：「我們」不祈求，也沒有祈禱的方法。「我們」的祈求是偕同耶穌一起祈禱，聖神好似愛河，在祂與天父之間川流不息。

事實上，並不需要提出啟發人心的問題，才能探究祈禱到底是什麼，在此篇導言中，我想探討三個意義深遠的問題。許多基督徒按基督徒的傳統，再度「發現默禱」的人，在生活中有一些經驗，因而提出這些問題。

首先，什麼是默禱？按基督徒的用語，默禱原本含有兩種意義，但是卻自相矛盾。早期的隱修士對默禱（*meditatio*）的教導，引用扣人心弦的詞源學「*stare in medio*」，意思是停留在核心。*Meditari* 是希臘文 *meletan* 的譯文，主要的含意是「重複」。默禱原本跟沙漠教父們閱讀聖經的含意緊緊相扣，當時的沙漠教父，是以私下傳授的傳統，由師傅教導弟子閱讀聖經，他們「默禱」聖經並不是思考或想像聖經，基督宗教信仰初期還未發展思考或想像聖經的方式，一直到後期，按「靈修學」才運用這方式。原本「默禱」聖經的意思是，藉由背誦經文並重複誦念，使人完全融入聖經。為了幫助門徒能專心一致、心無旁騖並靜心，以進行祈禱，師傅會給弟子聖經中的辭句或短句，隱修士就不停地在內心複誦這句話。若望・伽仙[3]（John Cassian）是西方的大師，亦是聖本篤（St. Benedict）與聖多瑪斯・阿奎納（Thomas Aquinas）的老師。伽仙曾說過，不斷念短誦，能驅逐一切「豐富思想」，「神貧的短誦」能淨化內心。

我們就是教導這傳統，猶如任何現存的傳統或教義一般，傳統是由演變發展而來的。我們所教導的傳統並沒有喪失其純樸性，但是它的發展不僅限於隱修與默觀環境，已經被調整成適合每一位基督徒，

3. 若望・伽仙（三六〇～四三五），東西方隱修制度的橋樑人物，生於東歐，後赴聖地、敘利亞及埃及學習隱修精華。於法國馬賽建立男女修院各一座，著作《會談錄》和《隱院規章》，對《聖本篤會規》有直接影響。在東方教會，其瞻禮日是二月廿九日，在馬賽教區，其瞻禮日是七月二十三日。

英國倫敦伊林聖本篤隱修院（Ealing Abbey），
一九七四年第一個由若望·邁恩神父帶領的基督徒默禱小組誕生的地方，
文之光神父是第一批六人小組中的一員。
文之光神父與本書校訂者肖筱於二〇一五年重訪舊地，
文之光神父說所有傢俱陳設與一九七四年的時候一模一樣，毫無改變。

那是他們生而享有的權利。在初期的宗徒教會中，或是耶穌時代猶太祭司的教導中，或是在新約內耶穌自己的教導與實踐中，亦可見他們使用重複的祈禱字句。東正教會（Orthodox Church）的「耶穌禱文」很顯然也是屬於這同一傳統。

既然如此，為何西方人認為這傳統是陌生或外來的呢？我們喪失了這傳統嗎？若真是如此，為什麼呢？顯然地，我們並沒有完全喪失。十四世紀英國的著述《不知之雲》[4]就教導這傳統，但一開頭就警告，這著述是特別的教導，不是為一般的信眾而寫的。成千上萬的人購買了《不知之雲》的平裝翻譯本，他們都正確明瞭這警告，認為那是跨越歷史性的傳統。每一次發現傳統意味著又往前邁進一步，若望·邁恩神父的生平見證了這個說法。

一九五四年，當時若望·邁恩神父住在馬來亞[5]，他是熱心的天主教徒，有一位聖賢的印度師父教他默禱，他每天做兩次默禱，各半小時，重複念一句基督信仰的短句。之後，他繼續在天主教會內朝拜與研讀，最後當了隱修士。他告訴初學導師有關自己的「默禱」方法

4. 《不知之雲》是十四世紀英國重要的神祕主義靈修書籍，作者不詳，該書是否定神學傳統的經典讀物。

5. 馬來亞當時仍為英國屬地。

以及在何處學到，導師告訴他停止。基於服從，他心甘情願地接受導師的指示，但內心痛苦不已，他恢復之前比較智力性的「默禱」方式，也就是推論、概念化與想像性。他之後描述那段時間是他生命歷程中的「曠野」。

有一天在他生命的關鍵時刻，重讀若望．伽仙的著作，因著他之前默禱的經驗，便立即明瞭伽仙所謂的「默禱」，跟他的印度師父所教的雷同，他再度回歸個人神修的朝聖之旅。那時，他獨具慧眼明悟這默禱方式是普世性極受崇敬的傳統，無論是西方社會或是天主教會都急迫需要它，這傳統雖歷盡滄桑，仍勇於引領全世界。一九七六年若望．邁恩神父在多瑪斯．牟敦[6]（Thomas Merton）的隱居處暫居，並且向革責瑪尼修道院（Gethsemani）的隱修士做了三次演講，之後他開始教導默禱。在他晚年，他迅速、積極、強勁果斷地實踐其使命，他在倫敦伊林本篤會院成立默禱小組，也在加拿大蒙特婁（或譯蒙特利爾）新建立的隱修院成立默禱中心，目前默禱團體已經遍及全世界。

6. 多瑪斯・牟敦（一九一五～一九六八），美國作家，靈修大師，嚴規熙篤會士。其自傳《七重山》影響巨大，在教會內外皆享有盛譽。一九六八年時，他於泰國參與宗教對話活動期間，不幸觸電身亡。

如何默禱？靜坐，輕輕地閉上雙眼。輕鬆地坐下但保持警醒。在內心默默地念短誦。我們建議念「*maranatha*」這個祈禱詞，每個音節有同樣的韻律節奏。不停地、溫和地念，同時要用心聆聽。不要思考或想像任何事，即使是靈修思想亦然。默禱時，難免會分心走意，有思緒或想像，只要繼續念短誦。每天早晚默禱約二十至三十分鐘。

我們把這祈禱詞稱為「短誦」（*mantra*），*mantra*本是梵文，現今這個詞已成為英文用語，猶如希伯來文「阿們」或是希臘文「基督」（*Christos*），已經很普遍地使用。伽仙稱之為祈禱的「公式」（formula），而《不知之雲》的作者稱之為「短句」。或許這過程既浩瀚又奧祕，今天看來是東方與西方交織融合的記號，可是事實上，東方用詞「短誦」並沒有特別的含意，而我們使用它的優點是讓人能明白「默禱」不同於口頭祈禱。默禱並非跟天主說話，或是思考天主，也不是向天主祈求。*Maranata*是阿拉美文，是耶穌時代的語言，意思是「主，請來。」（見《格林多人前書》16：22；《默示錄》22：20）。這是文獻記載中最古老的基督徒祈禱文，當時的基督徒猶如我們現在一樣，把這句祈禱詞當成短誦。

第二個問題是：「為什麼我必須默禱？」顯然地，只有「你自己」認為該做，你才做，不是因為別人做，你才做。按我教導默禱的經驗，那些開始每日有紀律地遵循「念短誦之道」的人，根本不需要討論這樣的問題。

然而，還是有必要回答這問題。

當你開始默禱時，即激發動機，至於從何處開始並不要緊，因為殊途同歸，在這默禱的朝聖之旅中，每一個階段會對這問題有新的答覆、新的深度見解。許多基督徒開始默禱，因為迫切需要更深入、更個人性的瞭解基督信仰。我們讀神學、朝拜，甚至行善工，還有更深的意涵，它們不僅是方法而已。當我們默禱時，若能更忠實於神學、朝拜、彼此相愛，我們就能更精準地指向基督「主體」（Person）的內在實體（reality）。

我們必須認識所服侍、朝拜、論述的這個主體，必須愈加完滿地認識祂，認識祂個人。我們對祂的認識也就是祂對我們的愛，默禱是基督徒更加圓滿地愛天主的方法。許多基督徒懷著這樣的情懷邁向默禱之旅，默禱代表某種形式的承諾決心，猶如婚姻或修會人士的獻身生活。

若說只有成熟的基督徒才能默禱，那麼就太荒謬與專橫。我們怎敢謙虛地說自己「成熟」，更遑論其他人。許多開始默禱的人信仰薄弱或是尚未啟蒙，只是有名無實的基督徒。因著個人的危機，或是心神憂苦而感受到現代生活形態的膚淺與無意義，從此開啟心門走向內心之旅程。

再說，有些人毫無信仰或未受過宗教訓練的經驗。未來，我們會面對教會人數遞減的情況。當我們要分享或是傳達我們的信仰時，宗教儀式或術語愈來愈沒有意義，除非有一個深度與經驗性的靜默幅度，可以邀請他人跟我們分享那份臨在。

默禱是捨棄自己去答覆耶穌召叫的方法。我們於靜心時被引入真理，不僅找到自己也喪失了自己。現今心理學指出，人格成長與人性發展自相矛盾，但是基督卻以人性生活出逾越奧蹟（譯注：指基督消

法國美麗谷隱修院，參見附錄。

除黑暗、戰勝奴役、超越死亡、光榮復活之救世奧蹟），作為解決的辦法。默禱是自我實現之道，但不是自我改善或是自我分析的方法。為了能持恆於朝聖之旅，我們要日益加倍淨化自我利益的念頭，無論我們是以何種理由開始默禱，現今應該領悟到，我們要默禱的主因是，若我們沒有找到心神，沒有找到跟我們的心神合一的聖神，我們都會無意義而終。

第三點，為什麼我們要「共同」默禱？若是你認識教會內的修會團體，他們停止共同祈禱，你就會清楚看到負面的答案。當神修團體的成員各自孤立、單獨地生活，只是靠著社交或誓願連結在一起，可以說這團體已經瓦解。許多修會團體，曾經一年接受上百位的初學生，現在面臨無人問津。當然，無論我們獨自或是共同死亡，基督徒的死亡因著希望而有尊嚴，我們為基督做見證，我們為祂而活，也為祂而死。在這個無根與去除個人化的文化中（depersonalized culture），許多新的修會團體生活應運而生，追求團體已經是年輕人的優先考慮。我們面臨從基督徒時代轉變為另一個時代的過渡期，對於舊往的錯誤與現今必須肯定的認知，逐年更加明朗：修會團體的深度與我們祈禱的深度成正比。

有個常見卻會欺騙人的感覺是：我們以為只有在建立人際關係之後，才能共同祈禱，這是常有的錯誤想法。因著共同祈禱，友愛與成熟的人組成了團體，顯然地共同默禱很具挑戰性。默禱僅是要求我們懷著信德做默禱，在天主聖神的臨在中共同靜默，因著聖神我們合而為一。然而對我們這些媒體意識的產物，這樣的要求很高，但是除非我們學會在共融中靜默，我們是沒有多少可以溝通的。再強調一次，那是選擇優先順序的問題，目的不是排他。不是每個人都打定主意要做隱修士，不過，每個基督徒、每個人都蒙召體驗默觀，我們也許得找到另一個字眼來稱呼這個體驗。

修會團體就只是教會的模型，無論我們的聖召為何，很自然地每個人都需要歸屬於一個團體，以實現其理想，並且超越自己。為了答覆這普世的人性需求，教會具使命傳報福音。如果教會的成員彼此不互助，使得個人深度領悟福音的精神，那麼教會傳福音的使命會一敗

美麗谷隱修院。

塗地，缺乏真正的可信度，墮落到只是教訓或是詛咒、防衛或是侵略的極權主義。

許多人因著個人因素而開始默禱，他們很驚訝地感受到，自己被團體所吸引，並不是因為團體內交換訊息或觀點，而是其靜默的氛圍。他們原本認為難以開口分享的事情，竟然很自然地分享。我們本來就抗拒做個人性的分享，但是我們改變了，因為我們領會到所分享的是聖神，耶穌跟我們每個人獨特地、個人性的分享聖神，那是祂的自我給予。深度靜默的祈禱自然而然形成的基督徒團體，不是刻意塑造的。只要是人組成的團體，自然會形成與成長，那是很人性的。但是，基督徒團體的特性超越法律，且教會保證會永遠長存，在每次的祈禱中，我們再次接受自由的精神與愛的洗禮。

這樣的團體能在社會中能發揮影響力，遠遠超過其數量上的規模。大部分的默禱團體，在堂區、大學、醫院，或是個人的家聚會，團體小而健全。團體成為天主臨在的中心，帶來新形式的傳教熱誠，這正是現今西方社會所需要的：天主臨在的默觀使命。只要默禱者持恆於個人朝聖之旅，念短誦會引導他們進入存有的深處，找到基督的平安。世人期待世界的權力能平衡，然而我們意識到世事變化多端，必須體驗真實自然的平安，才能推動和平。基督徒的默禱顯示給我們，和平是基督聖神的能量與恩賜，操縱武力或政治是無法獲得和平。我們心中早已有平安，若我們散發出平安的精神，並在團體內具體實現，其力量無與抗衡。

神修成長必須有合一與和平的精神，然而教會內，猶如多數的機構，不團結與不合顯而易見。團體的差異、意見的分歧，這是人之常情。但是當差異造成分裂時，爭論無法解決問題，我們需要提醒自己合一的重要性。天主聖言不是觀念，而是真理，人都渴慕真理，需要彼此規勸與鼓勵。天主聖言降生成人，在我們中間，並在我們內。我們必須在祂的臨在內保持靜默與尊崇，先要學習靜默，才能聆聽。

這本書第一部的章節是對著加拿大蒙特婁修道院舉行的默禱團體講的。各種年齡、語言、背景、觀點的人聚集聆聽演講，之後共同默禱半小時。同樣地，全球各地每週都有默禱團體聚會，從合一的精神

2015 年 6 月 10 日，文之光神父與本書校訂者肖筱
留影於神祕主義者西蒙娜・薇依墓前（英國阿什福德）。
參見第 207 頁。

中，發現寬容與慈悲。跟你意見相左的人一起默禱，這就是善意的明證。無論是資本主義或是共產主義、保守派或自由派、黑人或白人、男性或女性、猶太人或希臘人、基督徒或阿拉伯人、天主教或基督教（新教），都能開放地讓我們體驗到，我們能夠止息差異性所造成的分裂。

如果有足夠的人默禱，教會或社會上的一切問題都可以迎刃而解，是嗎？神修不能測量，十個人的團體與整個社會的團體效應不同，但是沒有統計資料能具體顯示它們之間的相關性。但是我們可以引用聖保祿對那些「有靈性的人」所預許的願景：我們可以看到基督完全的臨在於基督奧體的每一個部分。在我們個人身上顯示的，也會在他所屬的團體內顯示。中國古老的諺語表達了基督徒默禱的希望：一個人獨自沉思善念，改變了千萬人的生命。

簡易方法的錯誤在於：它相信或是自欺個體與整體的聯結輕而易舉。單純的真意是：認清且不畏懼地面對走窄路的困難。默禱很簡單，卻不容易堅持，然而人人皆能做到，心靈需要默禱，猶如身體需要呼吸一樣自然。

默禱被視為消極性，因而難免偶爾會抗拒它，但是念短誦也是神修「工作」。完全的存有是再消極不過的活動，當我們學習接受存有的恩賜時，我們對人性的尊嚴感到喜悅，把個人的天命掌握在自己的手中。

我們只需要懷著信德開始，意識到我們的聖召就是活得圓滿，分享天主的存有。這聖召不僅是抉擇，而是刻印在我們的存有中，若忽視它，會有喪失靈魂的危險，世人最迫切的事就是發現這普世性的人性聖召。天主聖神輔助我們的軟弱，祂以各種不同的方式提醒我們，祂復興幾乎被遺忘的靈修傳統，亦指引我們完成這聖召的道路。

本篤會士文之光神父（Dom Laurence Freeman OSB）

文之光神父是新加坡已故總理李光耀先生晚年的默禱導師。

2012 年 5 月 25 日，加拿大總督達味・約翰斯頓授予文之光神父加拿大勳章，
以表彰其默觀的教導對社會的貢獻。

2016 年若望・邁恩研討會在法國方舟團體總部特魯斯里舉行，
由文之光神父（左）及方舟團體創始人文立光（Jean Vanier）帶領。

本篤會士文之光神父（Dom Laurence Freeman OSB）
常年全球帶領默禱避靜、講座、研討會及宗教對話活動。

普世基督徒默禱團體的中心法國美麗谷（Bonnevaux），
一處幽靜的默禱靜隱之地。

第一部

我
心裡的光

Light Within

美麗谷隱修院。

1 聖言之光 The Light of the Word

默禱是極令人興奮與讚歎的奧祕，當我們談及或思考默禱時，很容易聯想到理論。然而，若是我們高談闊論默禱，不超越言辭與想法，會有畫地自限的危險，只是在鏡中看到反射，我們著迷於鏡中物，而沒有意識到，鏡子會扭曲它的反射，因而我們沒有轉身看到真相。

像若望．邁恩這樣一位大師的教導，能啟發我們轉身看清真相，因而能實踐真相，每天早晚確實花時間默禱，以看清真相。我們把所學到的，設法與人分享並活出來，那是非常實際的，不是思辨，也不是詳盡闡述理論，而是關切信仰的經驗。首先，當我們開始默想時，著重於經驗。第二步，當我們學習默禱時，要親身經驗。只有到了第三步，那才跟我們進入的經驗與想要達到的目標有關。因為教導與經驗之間有密切關係，教導具影響力，能引領我們反思並親身體驗，這就是我們所稱的「生活的傳統」。

當我們開始默禱時，都會進入這生活的傳統。這傳統淵源已久，當我們融入這傳統時，它深刻塑造了我們成為怎樣的人。那傳統、那教導就是純樸。默禱時必須靜默與靜止，不僅是身體方面（雖然這是必要的），而是內心的沉靜與靜定。在此氛圍中，傳統賦予我們與自己共融的知識，指引我們找到自己，外在的靜止反映出內在的靜定。默禱時盡可能靜坐不動，不可經過數周或數月之後，對這靜坐的紀律漫不經心。雖然聽起來很初淺，但這是第一步驟，且重要無比。之後，開始念短誦，什麼事也不做，不擔心什麼事，沒有什麼雄心大志，也不計畫或分析。只要念短誦，它會引領你進入更深度的靜默，在其中你會發現可以成為自己想要達成的人，更奧妙的是讓天主在你之內做天主。

你可能會浮現各樣的思想、想法、圖像，就讓它們飄浮而去，若有高超的真知灼見，也讓它去吧！假使有一些芝麻小事或分心的事出現，也讓它離去。無論你有什麼思想或圖像，只要回來繼續念短誦。重複具有淨化的功能，短誦會淨化心靈、意識，引領你具赤子之心，這是進入天國的必備條件。短誦是「道路」，很多人在開始默禱時，內心沒有喜樂、平安、滿足，其經驗跟最後抵達的境界截然不同。我們聽過如何把內心喜樂的泉源生活出來的教導，因而著手找尋內心平安的領域，然而遇到的卻是不安的渴望與不滿。我們極度不滿足，因為我們受到鼓勵與訓練，常生活在未來，計畫未來，或是生活在過

去，一再懊悔或分析過去。煩躁不安讓我們錯失找到滿足與圓滿生命的唯一機會。唯一的機會就是當下，錯失當下，即喪失一切。

生活在過去或未來，終究會使我們不滿足，因為我們過度關切所缺乏的，渴望之心占據整個心，無視於已經獲得的。我們必須改變態度，背向鏡子，不再不滿足，再說，即使我們得到渴望的東西，仍不會心滿意足。即使心想事成，未必讓我們感到滿足，因為貪婪之心，使得我們達到目前的所需之後，總還是會想要獲得別的。不滿之心態是受自我主義之操控，不是愛。唯有肯定與接受我們所獲得的，才能找到平安。我們已經獲得極大的恩寵，可是卻沒有留意，視而不見。那恩寵不是健康、財富、美貌或才能，而是我們的存在，只是做自己，這是最初與最基本的恩賜。如果我們沒有認出這恩寵，也就沒有接受它，那麼即使它出現在我們生命中，我們也不會擁有它。接受那恩賜是使生命滿溢、心滿意足的必要起點。

默禱就是接受那恩寵，默禱關切的不是做什麼，而是成為什麼。經過長時間的操練後，才會明瞭這看法，甚至還要更長的時間，才能心領神會。關切成為什麼，而不是做什麼，這是一件困難的事，即使默禱一段時間之後，我們仍然會關切我到底在做什麼，開始默禱時，要認清這點。然而，持續做下去，我們的認知會淨化。當我們學習如何成為自己，如何接受存有的恩寵時，我們會找到真正的滿足感。我們會捨棄渴望、不安，以及熱情所激發出來的圖像。最終，默禱徹底淨化「做」，假以時日，當我們對「成為自己」有新的領悟時，我們會接受存有的恩賜，那時我們生活的方式、生活的品質、對人際關係的寬宏，都將得到轉化。

這些都是心靈成長的過程，不會立即有所體驗。因此，當我們開始默禱時，不要尋求這經驗，不要自己創造或激發這樣的經驗，也不要期盼或占有它，這點很重要。這是成長的過程，猶如一杯水逐漸沉澱一樣，開始時，汙濁的水混濁不清，但是如果你不動那杯子，讓汙濁沉澱，水自然會靜止變得清澈。當你透視這水時，純淨的水美麗無比，你領悟到純真的意義。當水混濁時，水會反射；但當水純淨時，瑩潔而透明。

首先我們要學習沉澱、靜定，我們有時混濁不清，太過於自我反思。我們必須讓自己的意識變得明淨清澈，這是默禱的簡化過程，在存有的核心靜定、靜心。並不是思考靜止不動，或是自言自語：「如果我能靜定或更有靈性，那多好啊！」而是真正的靜定，時候到了，那靜定的和諧氣息，會牽動我們的所作所為。在靜定中，我們的精神

美麗谷隱修院。

能清澈明朗，純淨與透明。在我們內的聖神會放射出光芒，如同陽光穿透水一樣，這就是所謂的純淨心靈，清澈的意識能讓我們看到天主，正如耶穌所說的：「心靈潔淨的人是有福的，因為他們會看到天主。」

丹麥哲學家齊克果（Kierkegaard）給心靈純淨的定義是：只渴望一件事。我們都渴望太多的事，若能限制只有一個渴望，渴望逐漸地也會淨化。默禱也會使我們淨化，因為默禱時，我們只渴望念短誦，其他的事都置之不理。忠實地、簡單地、充滿愛意地念短誦，會帶領我們進入靜定，因而能在我們內與四周看到光亮。因而能看清一切，因為我們是在光明中看到，這光正是洞察力的媒介。聖詠的作者讚美天主說：「在你的光明中，我們看到光明。」

當人體驗到清靜明澈時，會欣喜不已。看到光明是喜樂的真諦，那是對生命感到滿足的唯一安全基礎，聖神的平安會在生活的各層面洋溢出寧靜與和諧。但是，我們必要學會靜定，更深度的寂靜。每天要默禱兩次，完全純樸、忠實地念短誦。

我們會找到《聖若望福音》中所描述的光明：

「在起初已有聖言，聖言與天主同在，聖言就是天主。聖言在起初就與天主同在。萬有是藉著祂而造成的；凡受造的，沒有一樣不是由祂而造成的。在祂內有生命，這生命是人的光。光在黑暗中照耀，黑暗決不能勝過祂。」（《若望福音》1：1－5）

2 徹底轉化 Total Transformation

默禱是福音的召叫，福音本身具絕對性，因而默禱之徑也是不容置疑的。默禱是捨棄自我答覆福音的直接召喚，每個人都個別、獨特地聽到這召喚，因為聖神啟示我們聽到這召喚，並且很獨特地寓居在每人的心中。福音的基本召叫是悔改，轉向召叫我們的那一位。「轉向」正如其字義，從希望與恐懼的方向轉變、從過去與未來的方向轉變，最後從自我意識中轉向。

福音的召叫來自存有的根基，它也召喚我們走向該處。福音直率且嚴肅地表示，那召叫就是死亡。悔改是靈修成長的必然過程，在這過程中死於自己。對基督徒而言，死亡就是死於耶穌，因而人可以與死而復活的耶穌合而為一。用「轉向」描述悔改的召叫，猶如身體在一個空間轉過來，召喚的絕對本質令人懾服，我們可以運用「轉向」這個比喻思考其含意。召叫是很絕對性地，但是這「轉向」會讓我們「進步」，並非立即完全的大轉彎。雖然我們蒙召要做360度的大轉變，可是我們一次只是轉0.5度，或是只有1/10度，最後才達到目標。要明瞭召叫的本質，必須先瞭解悔改的本質，悔改的過程就是進步，是繼續不斷地悔改皈依，繼續不斷地意識轉化。若我們忠實於默禱的朝聖之旅，每天上午與晚上決心做默禱，逐漸地，我們會成長、真正的轉化。決心悔改就是決心成長，在每天二十分鐘的默禱中，就是真正實踐這決志。

有些朋友非常反對默禱，原因是默禱太簡易。「你們說：『只要念短誦，自然而然水到渠成』，這樣的說法未免太誇張了吧？不可能如此，如果你信以為真，那麼就是在欺騙自己！」實在是無言以對！除非你願意親身體驗默禱，否則你不會瞭解那是千真萬切的！我們決心在生活的各層面、所有的人際關係、各項計畫或工作中，按福音的精神悔改，念短誦能強化這決心，但是實在難以傳達這經驗。也很難解釋，為何念短誦使得我們決心逐漸地喪失自我，且在日常生活中體驗不斷的悔改，至於要陳述逐漸成長的直觀，那就更困難了。事實上持恆於念短誦給予我們力量與決心進入天國的實體。「只要」念短誦一定會活出那成果，那是「絕對的」事實。

念短誦是看清福音基本真理的方法，我們會明瞭也感受到，默禱的神修經驗會轉化我們的道德觀。若我們每天念短誦，就不可能繼續按自我欺騙、自我利益、報復的政策行事。逐漸地，我們必然會決心在每天的生活中忠實、愛人、歸向天主，因而我們的靈修生活轉化了世界。當我們的誠信之心開始發展時，其行事為人必然會改變，因而本身所處的世界、社會、政治、宗教都會開始改變。若望．邁恩神父的教導核心是：我們首先要學習成為自己，然後才會知道如何行動。*Ama et fac quod vis*（Love and do what you will.）意思是行善的力量源自內在的良善，亦即「心存善念」。認清我是「怎樣的人」之後，才能深刻永遠地改變我們的「所作所為」。也可以說，基督同時臨於我

們的內心、崇拜、世界，若我們真心地轉化與皈依，基督愛的能量就充滿其中。我們只要緊握並忠實於真理，喚醒我們的意識接受聖神，祂會啟發世人的意識。教會的教導是藉由酵母的影響力，而不是用暴力。

因此，因著悔改皈依，我們能內觀（mindfulness）基督臨於我們的內心與世界，而不是對耶穌存留過去的記憶，「所以我們從今以後，不再按人的看法認識耶穌了。」（《格林多人後書》5：16），而是專注於祂臨在於此時此刻。短誦會使我們安住在當下，因著基督的心思與意識的光照，我們啟蒙轉化成真愛。我們在意識的深處感受到祂的臨在，滲透我們意識的表層需要時間，但是當意識浮現到表面時，猶如光開始照射意識，因此我們內觀的深度成長了，此時，我們進入復活基督的全面（all-pervading）意識。

以下是聖保祿宗徒寫給羅馬人的書信：「如果我們藉著同祂相似的死亡，已與祂結合，也要藉著同祂相似的復活與祂結合，因為我們知道，我們的舊人已與祂同釘在十字架上了……所以，如果我們與基督同死，我們相信也要祂同生，因為我們知道：基督既從死者中復活，就不再死亡；死亡不再統治祂了，因為祂死，是死於罪惡，僅僅一次；祂活，是活於天主。你們也要這樣看自己是死於罪惡，在基督耶穌內活於天主的人。」（《羅馬人書》6：5－6，8－11）

3 多久見效？ How Long?

開始默禱時，難免質疑：「要做多久呢？」這問題油然而生，因此我們必須面對它，且知道如何處理它，因為踏上內心朝聖之旅時，難免會有點膽怯。開始默禱時，就像啟程朝聖之路，你想要離開現在的處境到別處，因此開始時熱情洋溢。可是走到半途，當你開始感到疲倦，之後，在旅程某階段，你落後了或是遭逢顛沛流離，你可能灰心喪志。然後你就會說：「我還要繼續嗎？值得嗎？」各種類似的問題層出不窮：「我是做這種默禱的人嗎？」、「這適合我嗎？」或是「為何我沒有感覺進步？」你的好友可能會告訴你：「你知道嗎？你現在比半年或一年前更容易相處。」然而，你絲毫沒有「感覺到」有

3 ——— 多久見效？ How Long?

什麼特別的改善，因而自忖：「為什麼我無法感受到？」

當這類的問題出現時，正是旅程中成長的良機，類似轉機、換火車、換巴士。我們必須面對這問題，但不要耗時太多，切記這「是」旅程，我們必須繼續向前行。自我分析只會造成停止、下車，旅程中斷，錯失原定的轉機。再說，這樣的感受或問題，不會繼續不斷，那只是掠過的情緒，當我們愈來愈清楚明瞭時，將會知道那只是自我的情緒。雖然我們一心要遠離自我，但它會像陰影一般留在我們身上，偶爾會出現。當我們改變方向時，那陰影會出現在我們眼前，感覺好像在「陰影之中」，使得我們想放棄。如果我們學會超越它，它們會逐漸減弱，即便它們偶爾又出現，但是其力量愈來愈弱。當太陽高照時，那陰影的黑暗就會減弱。

既然「要為時多久」這問題那麼重要，為何那麼令人膽怯？部分的原因是那問題含糊不清。這問題到底有什麼意義？「什麼」要多久？默禱會發生什麼？目標是什麼？目的是什麼？默禱引領我們深度地與實體相遇，因而生命更加穩定平安、內心自由、發自內心的愉悅。我們感受到生活中開展出新境界，通常那來源出其不意，可能在尚未開拓的人際關係中，在不經意的時刻就發生了。這神修的新境界，對我們的人際關係與工作發揮影響力，也影響我們對每天的決定與挑戰所作的響應。那股和諧的力量在我們的內心釋放，並且在生活中散發出光芒。此時還不是我們默禱的基本目標，也不是我們之前所提出的「那樣的經驗何時會發生？」這些千真萬切的境界是，這些內在相互共存的力量，都是整合的力量與實體的標記與記號。那是住在我們心中的天主聖神實體力量，它也在我們心靈深處，那是創造萬物的聖神，也是我們生命的最終目標與意義。「那要多久？多久那會發生？」當我們明瞭所談論的或試圖要表達的「那」，就是住在我們心中的聖神，那麼，我們會以截然不同的方式處理這問題。因為，屆時我們會瞭解，「那」聖神是原始與終結，阿耳法與敖默加（譯注：希臘字母表之首尾兩字母「Α」和「Ω」；教會以此兩字母來代表天主，因祂是一切世物的起始與終結）。那是我們默禱的起始與結束，整個默禱之旅是從我們開始默禱，一直到我們生命的最後一天，那聖神開啟與完成我們的存有。當我們明瞭那就是答覆時，就會瞭解「那要花多少時間」的問題，因為那是「無止境的」，因為聖神是永恆的，聖神包容一切時間。當我們發問「那何時會發生」時，它「已經」發生了，我們已經將聖神吸入心中。

問題的癥結是：我們懷著真誠純樸之心，追隨全然誠樸的默禱之徑到底要多久呢？那完全要看我們自己，事實上是我們自己決定要花多久的時間。我們要費時多久才能下定決心，願意達到聖神之誠樸與真理的純真。根本的問題是下決心，一切都建構在此基礎之上。要多久我們才能徹底下定決心？通常要花很長的時間（超過所需要的時間），因為我們一直忘了要純樸、要下決心。若我們念短誦，就會記得要簡樸、要日益定下志向。念短誦能使我們深根在基督的純樸與決志之中，並得到滋養，念短誦是純樸的最基本狀態。一旦開始思考自己，自問「要多久我才能達到？」就變得複雜。任何跟「我」有關的問題，自動就變得複雜。但是在念短誦時，我們不發問也不想到自己，至少我們決心不要想到自己。因此純樸的第一步就是念短誦，我們很容易忘記基本的純樸，所以我們必須彼此提醒在這旅程中一直保持純樸。

默禱需要花時間，意思是要在肩負重任的忙碌生活中犧牲自己的時間。但是，純樸之精神要求我們每天上午與晚上奉獻半個小時的寶貴時間，找到一個安靜的地方與時間作默禱，最好是在清晨與傍晚。盡可能選擇同樣的地方，那樣會幫助你建立生活的節奏與規律，你就不用每天好像上演犧牲奉獻的戲碼，你會習慣性地去做。但是，若你無法找到固定的時間與地點，那麼就預留二個時段，在那時間內盡力靜默、靜定。花幾分鐘的時間找到一個舒適的坐姿，讓你在整個默想的時間內舒適地靜坐。背部保持挺直，然後靜靜地在內心念短誦。建議你念「*Maranatha*」，每個音節有同樣的韻律節奏，從默禱的開始到結束，只要不停念，還有比這更簡單的事嗎？

我們首先發現到要簡單還真不易！但是那挑戰卻令人興奮。靜坐、念短誦，很難，沒錯！但是有可能做到，因為那很簡單。

當我們問：「要多久？」真正的問題是：「要多久才能悟道？」

我們會問：「我做得到嗎？」、「這適合我嗎？」、「我不是很忙嗎？」或是「這太藝術性了？」、「太豐盈？」、「太想像了？」或是我們問：「是否我太不堪當？是否我太自負了？我太自私了？……我太自我意識？這些問題我都有。因此，我不能默禱。」事實上，我們只想問：「我是否太過世俗因而不能悟道？」答案是：開始默禱時，我們需要信德。我們很快就會學到，做默禱要像門徒一樣，而不是企業家。我們是聖神的門徒，不是聖神的剝削者，門徒深入師傅的明悟中，因為悟道只有一個。聖神居住在我們心中，我們是耶穌的門徒，相信祂的明悟在我們的心中發光，散發覺悟良知的光芒。而且我們知道那光在每個人的心中照耀，「因為」我們具有人性。

唯一的問題是：「要多久我們才能睜開眼睛看到耶穌的光明，向祂敞開我們心胸的眼睛，接受祂的意念？」甚至當我們閉上雙眼時，還可以知道是否有光環繞著我們。同樣地，無論那光多麼昏暗不清，到那時刻，每個人都會知道自己悟道了！因為耶穌的自我知識在我們心中悟道了，是聖神的自我知識（self-knowledge）在我們之內。

捨棄自我，進入耶穌內，就會變得純樸。學習念短誦，目的是不再專注自己。我們要順其自然地捨棄自己，因為這是內心純樸與心神柔順之路，要不斷溫和地念短誦，輕柔地念，短誦不是武器，而是和諧之音。溫和地念，你就學會用愛念短誦，和諧共鳴就是愛萬物。

讓我們省思在致厄弗所書信中，耶穌所說的明悟：

「凡一切事，一經指摘，便由光顯露出來；因為凡顯露出來的，就成了光明；為此說：『你這睡眠的，醒起來罷！從死者中起來罷！基督必要光照你！』」（《厄弗所人書》5：13－14）

4 思想與感受 Thought and Feeling

默禱者若有理想，必定是以他人為中心。基督徒的理想主義總是極為現實和樂觀，因為其理想是可達成的，但是並非一蹴而就。按人性，這理想是可以達成的，因為耶穌已經達成了，我們分享祂的成就，聖化就是完全分享祂的神聖性，這是我們的天命。當我們邁向與基督合一的道路時，我們的意識更加完整與豐富，我們愈加瞭解在祂內、以祂為中心的意義。我們明瞭，以他人為中心必須藉由個人的滿全，因而當我們的心靈更加整合時，很訝異地發現我們竟然能以他人為中心。個人的聖化、完整合一就是融合他人，我們不能獨善其身。在那良善之路上，我們必須轉化，必須棄絕內在的分歧與矛盾，勇敢放棄支離破碎的自我，而變得純樸。

這立即讓我們聯想到理智與情感的分裂，很難說我們掌控哪一項最多，理性？或是感性？我們自以為很理智的行動，心智控制情緒，事實上不然，可能常是情緒使了最大的勁。我們對生命的理性認知，常常被情緒所渲染，此時很樂觀，數小時之後又掉入憂愁的心情。

默禱帶來清新自由的幅度，逐漸地或許是艱辛的，默禱成為聖神的自由，開啟被情緒掌控的自由，這是從默禱的紀律中獲得的自由，因為我們不隨性做默禱，無論我們是否喜歡默禱，或是在默禱中有何感受，都不受影響，仍然忠實於默禱的紀律。並非壓制情緒生活的感受，默禱不是毫無感覺，也不是反對理性，那是整合的方法。任何一部分都不可以被壓制、拒絕、或是排除在天國之外，事實上，默禱一、二年之後，情緒的敏感度反而增強，這是默禱紀律的結果。我們可能更脆弱，比較少逃避或是自我欺騙，自我比較少脫逃而出，此外，我們欲繼續默禱，這些現象就更少。因此我們既不停止感受，也不停止思考。而是，默禱時不使用思考的官能，不過我們卻可能發現思緒、思考的能力、理解能力更加明朗與專注，這都是默禱的結果；同樣地，我們的情緒官能更加和諧、穩定。至於這是如何發生的，難以整合性的分析，我們就是循著這天賜的奧祕道路。

我們變得更加合一，我們存有各個面向都逐漸和諧共鳴，與他人和睦。當人群彼此對立，或是彼此各做各的，會處於錯綜複雜的狀態。我們都明瞭當人性存有解離、破碎，以至複雜化時，就會焦慮、不安、憂慮。但是當它們共同發揮功能時，當相互融合、和諧地運作時，我們就會經驗到平安、幸福，並有餘裕對自己寬宏大量。當我們占有自己時，就更容易捨棄自己。在一股力量的引導影響之下，存有的各部分都整合，超越我們的思想與感性，在意識的高層次上合一，這就是聖神的力量。默禱是完全向聖神力量開放的方法，那也是基督聖神的力量，祂在愛內與我們的精神合一。

因此，默禱時主要不是靠思想或感受發揮功效，而是滲入我們「精神」的實體，因而與基督的實體相連接，找不到基督，就找不到我們的精神。我們仍然保有思考與感性的力量。每次默禱結束時，思想與感性都在靜默中被淨化了，因而我們能重拾它們，希望能更加明朗、寬宏地運用它們。我們仍然保有它們，但是它們是我們神修旅程中安靜不妨礙的同伴。它們陪伴我們進入靈性的深處，並受到轉化。那是身心靈合一與整合的工作，那是準備進入天國的工作，只要我們保持整合的赤子之心，就能進入天國。

我們無法做到捨棄一切，整合是聖化的工作，身為基督徒，聖化是必然的事實，不可感到難為情。聖化確實是存有的品質，我們本身就是聖化，聖化並非所作所為的結果。然而，當基督徒聖化時，其特徵會展現在行動的品質上。因此在默想的旅程中，我們的所作所為必然會影響基督徒的生活。再說，當我們踏上這條旅途時，很快就發現到在重要的決定時刻，默禱改變了我們做事的「方法」與「所為」。

我們的所作所為，表現出我們是怎樣的人以及處於何種狀況，也是認清自己是何許人的重要管道。聖化的表徵是愛，默禱或是神修的進步，會逐漸以他人為中心。顯然地，我們的思想與感受都在改變，那是心智與內心的轉化。我們的思想改變了，因為我們的思緒愈來愈少，且愈來愈不想到自己。當我們變得更加聖化與整合時，比較不會時時分析自我。我們大部分的時間都在思考自己，調查、衡量、分析、預期對「自己」有關的事情。但是當基督的意識在我們的意識內擴展時，我們不再思考自己，而是轉向基督的奧祕，察覺與參透天主的臨在，以及生活各層面與創造的神性幅度，其結果是平安的新幅度，那是基督徒轉化的果實。自我分析只會造成焦慮，但是我們的思想會超越，好似我們的超見（vision）淨化了圖像，在自我超越的驚歎中，朝向天主的奧祕。

情緒方面亦然，我們會經驗到感受更具同情心，意思是我們的感覺不只為了探索自己、自我的意識狀態或情緒，反而我們會運用情緒功能，體會他人的經驗。我們的感受愈來愈不是為察覺自己，而是更加友愛地轉向他人，因此我們能與他人一起感受，瞭解他們的感受，甚至能感同身受。我們都蒙召在基督徒生活中以他人為中心，這是意念的果實，比自我意識更高。在基督信仰的全然光照啟示下，我們知道這是基督的意念，祂人性的意識，完全的以他人為中心。祂的意念與心都完全轉向天父和我們。

聖保祿寫給哥羅森人的書信中談及他所賦予的重任：

「我依照天主為你們所授與我的職責，作了這教會的僕役，好把天主的道理充分地宣揚出去，這道理就是從世世代代以來所隱藏，而如今卻顯示給祂的聖徒的奧祕。天主願意他們知道，這奧祕為外邦人是有如何豐盛的光榮，這奧祕就是基督在你們中作了你們得光榮的希望。」（《哥羅森人書》1：25－27）

5 轉化 Trans-Formation

若望．邁恩神父在《沉入靜默》論及，福音的核心是邀請我們改變，成為新人，這轉化的經驗使得新約的文字鏗鏘有力。他引用了羅馬書信中最喜歡的章節：「你們不可與此世同化，反而應以新的心思變化自己。」（《羅馬人書》12：2）他說我們本質的轉化是真實且唾手可得。在聖神內重生，那是基督徒最重要的經驗，當我們理會到天主聖言的力量在我們心中，我們就重生了。

默禱的方法幫助我們轉化與重生，每次靜坐祈禱時，我們就改變了，我們跟以前不一樣了。每次默禱時，我們「重生」，猶如新約中所描述的轉化經驗，也就是脫去舊我、換成新我。因此，福音處理人心最深層的需求，無論我們的宗教信仰或是神修的成熟度為何，我們都有改變的需求，因為除非我們改變，否則無法成長；除非成長，我們無法真的活得有意義或喜樂。成長的意義是走向不知之境，因而必須捨棄舊我。

雖然我們根深蒂固的直覺需要改變、轉化，但是我們也害怕，因為人性本質上會抗拒未知。我們非但不願捨棄過去，反而緊抓著它，甚至對那些想要擺脫的事，也是抓著不放，因此我們常常抓住最痛苦、焦慮，或是陳年往事。我們稱之為精神官能症、執迷，現代人有這些心理方面的疾病，那是因為人類的心智與內心本來就是傾向抗拒超越自我或成長的力量，這是人性的奧祕行動，人類擔心喪失了自我。一味追求心理的道路，而不追求靈性的道路，其危險性是不會成長，只是故步自封、自我陶醉，觀望益加朦朧的鏡子，在有限的過往經驗裡，陳年舊事扼殺了重生。

只要反省耶穌的話語，就可以瞭解我們受造的目的——「遺忘自己」，我們受造是為了捨棄過去，接受挑戰徹底遺忘過去。我們擔心遺忘過去，抗拒完全地活在當下，因此我們很難專心念短誦。但是若我們懷著信德，勇敢學習遺忘往事，就在喪失自我時，我們整個人向前躍進，因而整個過往不再是令人迷惘的記憶，也不再縱容於只關注自己，而是與個人奧祕融合為一。因此，我們必須忘記過去，才能完全融入當下。

在耶穌教導的光照下，我們喪失自己，我們轉化了，因而找到自己。我們不用擔心會變成另一個不同的人，神話中最令人畏懼的象徵是由一個生物轉變成另一個生物，我們都擔心遺忘自己時，會發生什麼事。基督聖神住在我們心中，心中洋溢著天主的愛，當我們向天主的愛完全敞開心胸時，心中就不懼怕。愛教導我們，我們只會轉變成我們自己，我們會有所喪失，但只是喪失其形式，轉化成另一種形態。我們都走在特殊的朝聖之旅，我們從一個形式轉變成另一形式，當我們不再固守形式，而超越它時，或是向人的本質——也就是我們的心神——開放時，才能達到轉化。在我們心靈的深處，找到天主聖神。耶穌完全向天主開放，因而轉化了祂的人性，所以我們不用擔心喪失自己的人性。

那是驚歎亦是平凡之路，在這條路上，我們遭遇許多問題，過去留下來的問題，整合、適應、面對未來等等的問題。為瞭解決在轉化過程中所遭逢的問題，似乎我們必須從外在尋找解決之道，獲取資訊，增加知識，發現新技能。福音教導我們，所有的問題都解決了，不要把它複雜化，反而要學習神貧之心，神貧比「解答」更有效地面對我們對改變的抗拒。

因此，基督徒在轉化的過程中，解決問題或面對挑戰的方法，不是自我分析，不是離開自我找尋解決的方法。反而是神貧的方法，那是默禱的動力。任何藉由神貧而發生的轉化，不僅轉化了自己，也轉化了問題本身，常常我們自己就是問題。當我們經驗到超越自己的問題時，我們就會受到邀請領會福音的奧妙故事。

在團體生活中藉由分享，我們就能在當下清楚明瞭轉化的意義。我們發現到福音、團體、神修傳統的教導，以各種方式呈現。即使團體生活有其限制與限度，但是卻以奇妙多樣化的形式擴展，令人讚歎不已。

在團體生活中，我們學習向聖神開放，祂不受任何形式的限制，祂以各種形式呈現，最後引入一個永恆不變的形象，那就是基督。當我們彼此相愛時，我們就找到基督，那是基督徒解決問題的辦法，基督是人類進退維谷困境中的最佳解答，默禱的目標就是要發現愛的力量。

6

犁地 The Plough

真正默禱的操練必須超越圖像，默禱是純真的祈禱，藉由默禱我們進入實體，圖像的最終指向也是這實體。圖像與象徵都很重要，能幫助我們準備默禱，圖像與象徵讓我們的明悟更加深刻，因此個人得以整合，走向超越圖像的旅程。默禱時難免會分心，那是因為在旅程中冒出圖像來，當我們開始默禱之旅時，分心強而有力，使得我們幾乎每一站都要停下來。我們走兩步路，就被雪崩般的分心所打倒，必須一再重新開始。我們必須忠實地再次回到默禱之旅，只要我們繼續走下去，這趟旅程會開啟新的幅度，分心會一再出現，但是其威力愈來愈減弱，無法阻止我們走向這條路。

這就是若望・邁恩神父在《沉入靜默》一書中所說的，默禱的第二個初期目標。「第二個目標是在默禱的整個過程中繼續不斷念短誦，面對各樣的分心走意，仍要沉著鎮定。在此階段，念短誦好似犁地，繼續堅決地跨越思緒那崎嶇不平的田地，任何的干擾都不會使我們偏離。」犁田的形象是引自福音，有效地幫助我們瞭解什麼是旅程，以及念短誦的意義。

並不是叫大家把犁具這形象帶入默禱，並沒有要我們念短誦時，把短誦想成一把犁具，而是如同耶穌所講的比喻，讓我們清楚明瞭，我們需要自由、成熟、決志地走上這旅程。若是我們決心響應，必須清楚並深入瞭解其意義。短誦如同犁田的比喻，幫助我們瞭解敞開心胸（祈禱的目的）是準備、犁田、整地，這些都是為了準備下一個撒種子的階段。撒下的種子孕育成長的自然能量，那也是愛的神性能量、基督的生命，這些都深藏在我們之內。

記得天國的比喻，人找到了寶藏，就變賣了一切把它買下，將它埋藏起來。我們用犁掘出深坑，將種子埋藏在心中。我們無法看到種子如何在地裡成長，就如同無法觀察天國一般，因為天國沒有自我意識，天國的純淨意識只能在超自我意識中找到。因此，我們要不斷把地犁開，撒下種子，讓它進入寂靜。我們不要好奇，不要想掌控、占有、監控。最重要的，我們要捨棄迷人的誘惑，不要好奇內在會發生什麼令人神魂顛倒的事。如果我們真心想成長，就必須放棄自我迷惑，在純然的驚歎中喪失自己。持恆於犁地。

靈修之路沒有快捷方式，只能循著直線走。然而，默禱「就是」那直線，向人宣講與分享這條沒有回轉的路線是最偉大的恩賜。離開公路幹道，徘徊在鄉間小道，很容易迷路，而且愈來愈挫折。耶穌說過，當你開始犁地時，若你真心追求天國，絕不要往後看。那就是不停地、忠實地念短誦，懷著信任之心，不回頭看發生了什麼事，往哪裡去了，是否種子撒對地點了，要有信德，不斷地往前看，不要被往事所迷惑，不要分析上週或是童年發生了什麼事，對自我意識要放手，以神貧的精神往前看。我們要捨棄過去，深深紮根於當下。每天忠實默禱，在基督的臨在中融合了過去與現在。

可是，在這段時間，基督在哪裡呢？祂處處都在，祂在我們存有的基礎上，祂在犁具中，祂在種子的成長裡，祂在沉靜中。我們需要背上紀律的軛待在犁田內，基督就在那軛內。祂臨在於我們生活中的各個面向內，默禱能敞開我們的心胸，以瞭解基督不是一個思想或象徵，也不是理念，而是一個具體的人處處都臨在。默禱開啟了基督臨在的幅度，因此我們發現到我們所在之處，就在基督的幅度內。我們如何跟祂相遇呢？接受做祂門徒的召喚，就會與耶穌相遇，在信德中尋求祂，我們會與祂相遇，在見到祂之前，我們先愛祂，那是信德的靜默，也是藉由這信德，我們才能靜默，我們不能在祂之外與祂相遇，因為祂就在我們之內，我們在祂內與祂融合為一。

當我們與基督相遇時，會顯露出我們的聖召與個人的特質，也會呈現天國。我們不僅在默禱中與耶穌相遇，也在其他人的身上與祂相遇，那是基督徒團體的力量與真諦，因為只有當我們從自我隔離轉向時，才能理解合一，自我迷戀導致分離與孤立。團體能幫助我們轉離孤立，發現人能致力於超越孤立，合一確實存在。因此，我們遠離自我迷惑，以及它所帶來的悲傷，藉由彼此的榜樣、靜默、忠實和毅力，我們轉向在耶穌內共融的奧妙與平安，耶穌將我們結合在一起。

7 選擇生命 Choosing Life

默禱是發現生命的滿全，因而能充滿活力。瑪竇、馬爾谷、路加等前三部福音的關鍵字是「天國」，《若望福音》的關鍵字是「生命」，因為天國「是」生命的滿全。默禱是通往天國的道路，因為那是活力充沛的一條路。若望．邁恩神父描述默禱是完全接受存有的恩賜之路。若我們有恆心和毅力，就能發現，只有在真正接受存有時，它才能活躍生氣。有存在就有生命。我們必須逃出存在，才能闖進生命。存在處處受限，可是進入生命，卻沒有界限；生命是永恆的。我們必須找到轉化存在成為生命的方法，向前躍進，超越自我及生命的界限。

人生際遇中都會遇到問題，有些人的問題可能不只一個，而是一籮筐，或者是潛伏的問題，有些人的問題可能很棘手。遺忘自我的意思是：離開這些問題，因為問題總會終結，問題存在於我們有限的範圍內。我們可能不自覺地喜愛上問題，被問題所限制住，甚至依附痛苦和背負十字架，超過我們所需要的。好像問題與我們形影不離，無法拋棄，可是當我們越過界限時，我們就放手了，然後發現我們的生命不再受限，我們的能力得以發揮，不再被問題所捆綁，但是，需要勇敢踏出那一步。簡單地說，就是有勇氣做自己，有勇氣接受那恩賜。好像有點荒唐，需要勇氣才能接受那恩賜，不過，那是可以理解的，因為在接受恩賜時，我們喪失了自己，當接受存有的恩賜時，我們超越了自己。

這話聽起來頭頭是道，確實也是如此。但是限度的混淆、罪惡的複雜性，會使我們看不清楚。存有的恩賜是那麼明顯，但是我們卻很少瞧見，但是只要驚鴻一瞥，就像黑暗中的光芒般引導我們，我們必須有勇氣跟隨它，即使四周一片漆黑，我們仍能有信心跟隨那光，這是從默禱中學到的。聽起來很容易，但是很快地，我們會發現知易行難，那是我們需要完成的最嚴苛工作。那不僅是一項選擇而已，而是直接了當的挑戰，但那是愛的挑戰，那是被愛與接受愛，認識天主並被祂所瞭解的挑戰，就是這樣的挑戰塑造生命的意義和完整性，如果我們逃避它，我們會落入無意義，並喪失完整性。

開始邁向默禱之徑時，很多人常覺得這挑戰太大，無能力超越自己，當然我們必須要有自知之明，否則仍停留在自己所創造的幻想中，自以為可以救贖自己，處於根深蒂固的自傲與原罪的狀態。如果我們真心要皈依成基督徒，必須明解並接受我們的限度與不足。謙遜使得我們對存有之恩賜與生活的每一時刻心存感恩，謙遜地回應這些恩賜。無論生命有多長，我們必須在有限的生命內響應生命的恩賜，因此生命很急迫。或許「急迫」這個字可以涵蓋四部福音的訊息：沒有時間可以浪費了。四部福音告訴我們，如果我們現在不答覆邀請生活出完整的生命，我們的能力仍然受限。如果我們答覆，我們的能力會無止境，只是在於我們是否相信，最糟的情況是半信半疑。聖若望告訴我們「永恆的生命」不是「死後的生命」，永恆的生命就是認識耶穌基督，以及派遣祂的那一位。默禱的目的就是要認識這個人，默禱是進入圓滿生命的道路，因為懷著神貧的精神，我們會認識耶穌，遵守祂的誡命。認識祂猶如專注地認識每個人，不要一心只想到自己，真誠接納他人，把自己的問題擺在一旁。

認識某人就是讓他的精神進入你之內，因此，「認識耶穌」就是充滿祂的生命，那生命會帶領我們超越自己，超越悲傷以獲得喜悅。認識人需要勇氣，認識基督也需要有勇氣，有勇氣捨棄自我主義的半吊子生活，有勇氣接受喜樂的恩賜，因為接受任何恩賜，就是安置在那接納的關係中。我們認出聖人的氣質是來自於他們的喜樂、歡笑，以及有能力讓他人看到或感受到生命的喜悅，那是耶穌的至上權能，那權能讓我們有勇氣接受，其實勇氣就是純樸之心，英雄式的勇氣不堅持維護自我，而是自我肯定，這才是英雄氣概。我們有很好的理由喜悅，並讓耶穌帶領我們從悲傷中走向慶祝。讓耶穌當我們的導師，聆聽祂的聖言，感受到聖言在我們心中共鳴，祂會帶領我們喜樂無比，信心十足。

我們剛慶祝過耶穌君王節，為了瞭解為何耶穌是君王，我們必須思考王權的象徵意義，不是以現代君主政體或是權力運用的含意來思考，而是回溯到人類歷史的起源。當時人民要求有國王、領導人，他們需要防衛以對抗敵人與大自然的無知，並鞏固人類的情誼，國王領導人的任務就是戰勝敵人。耶穌是至高的君王，因為祂已經戰勝了人類的惡敵——死亡，沒有人能戰勝這敵人，我們害怕這敵人，甚至連想都不敢想。耶穌戰勝了死亡，祂已經鑿出通往新生命的道路。當我們選擇存在而不是選擇生命時，我們就是屈服於死亡。因為有基督，因此沒有必要做這選擇。自由是負擔，除非我們心甘情願接受它，自由是白白的賞賜，我們需要自由地選擇接受它。念短誦就是那選擇，每當我們念短誦時，我們在心靈深處選擇我們全部的存有，我們選擇活出基督的生命。

以下是引自《聖若望福音》：西滿伯多祿回答耶穌說：

「主，唯你有永生的話，我們去投奔誰呢？我們相信，而且已知道你是天主的聖者。」（《若望福音》6：68－69）以信德為基礎的知識就是基督徒默禱的起點。

8 聖化與其他 Holiness and Others

若是我們要總結若望·邁恩神父所傳下來的傳統教導，閱讀《沉入靜默》中的這段話再好不過：「若望·伽仙（John Cassian）建議任何想要學祈禱且繼續不斷祈禱的人，選一個短句，然後不斷複誦這短句。」那樣的短句字字珠璣。他如此告誡「任何」想學祈禱的人，這傳統適用於任何人。伽仙在《會談錄》第十章（Tenth Conference）的結語，強調沒有人被排除在這「最高層次祈禱」之外。那的確是高層次的祈禱，但並非只適合菁英。它之所以高層次，因為基督的每位追隨者都受邀成為門徒，使得他們的精神可以圓滿發展。當他說沒有人被排除在外，是包括不夠聰明、教育程度不高的人，他說的就如福音故事常說的，純樸的人勝於有學問的人，直接了當的人勝於自我意識強的人，這些人很容易學習祈禱。

伽仙亦說，我們要「不斷」祈禱，聖保祿同樣表達不斷祈禱的意義，基督徒圓滿的召叫就是普世性的召叫。因此，他說：「那些想要學習祈禱的人……」我們務必明瞭，

是我們自己「想要」學習，「想要」學習更多，因為我們體會到一切都賴於神修潛能的實踐。換句話說，除非我們確實邁向祈禱之徑，否則我們所作的一切都是空洞的。

若是走向祈禱之徑，我們的生命就會有基督的幅度，因而，我們想要學習祈禱，每個人都有渴望聖化的天性，但是必須正確瞭解，那是怎樣的渴望？怎樣的聖化？因為在基督信仰兩千多年歷史中，渴望

聖化常被濫用或輕視，聖化的渴望流於自我本位，這完全是與福音教導的愛、忍耐、慈悲是背道而馳的。

我們必須明瞭，在門徒的團體內才有聖化，沒有個人的聖化。每個靈魂的明悟都會觸動其他人的靈魂，因為那是基督啟示的擴展，基督臨在於每個人，我們共同建構基督的奧體，以及祂完美的教會。因此，我們渴望聖化的根源是來自共同情誼。所以我們必須以具體的團體行動面對且答覆那渴望，若沒有祈禱，我們做為門徒的共同情誼便毫無意義。聖化要求我們共同祈禱，如果我們沒有共同的祈禱或是深度的祈禱，教會形同社交、政治或知識的組織。此外，如果我們沒有祈禱，也就沒有見證，或是那見證也不具說服力。我們在教會內經驗到渴望聖化，或是教會讓我們感受到需要聖化，不僅是個人聖化，而是在團體內。

聖化也跟罪惡感有關，因為我們自知我們「不是」全人，我們被懼怕、自我主義、個人或繼承而來的錯誤而分割。但是我們也知道，我們在基督內被治癒，而完整。所有我們對聖化的渴望，一而再地受到鍛煉、調整、謙卑，因為我們意識到我們沒有絕對的「權利」得以聖化，那完全是恩賜，教會跟隨基督的教導，活在基督聖神內，幫助我們在罪惡感與聖化召叫之間找到平衡點。聖化的召叫來自於基督奧體，在奧體內並藉由奧體，我們才能夠答覆那聖化的召叫。人都安於現狀，但是答覆聖化的召叫是很苛求的，那是絕然的召叫。我們可能會說：「有些人蒙召聖化，但不是我。我蒙召過尚可的良善生活。我會在生命的旅途中某個地方安頓下來。」但是，那是否定耶穌召叫我們每個人依照個人獨特的才能，過圓滿的生活。至於有什麼能力，我們毫無所知，重點是我們要盡力補足才能的不足。

耶穌的召叫是決然且普世性的，因此我們不可滿足於現狀。耶穌告訴我們必須聖化，如同在天之父，祂為我們開啟了聖召之門：「如同天父一樣的神聖。」天父本身就是神聖，不是外在努力的成果。因此，為了如同祂一樣的聖化，我們必須進入祂內，進入祂的神聖內，在祂之外的聖化都是幻想與自我主義。

那麼，我們要如何答覆這召叫呢？我們要以專注、轉移自我的方式答覆，因為自我混合了聖化與非聖化，我們必須轉移自我、轉向天主完美的聖化。這對我們有什麼好處呢？因為天主的神聖具備超越性。我們如何能分享祂的神聖性呢？我們能藉由耶穌分享天主的神聖性，因為天父的神聖寓居在聖子內，聖子也在我們之內，因此天父的神聖藉由聖神在我們之內。我們答覆聖化的聖召，就是對耶穌的響應，我們必須專注於耶穌，在任何地方或任何人身上都看到祂，不僅是在我們身上看到耶穌，或許最不應該在我們身上看到，而是首先要在我們周遭的人身上看到耶穌。當我們看到祂時，我們必須相似祂，因為我們會看到祂的真面貌，這就是不斷祈禱的意義。聖保祿與其他的大師都傳承這教導：「不停的祈禱」，意思是與耶穌一起不停祈禱，也就是在聖神內，完全專注於天父，耶穌超越自己轉向天父完美的聖化。我們不停祈禱，只是因為耶穌不停在我們的意識內祈禱。短誦只是引導我們深入、永久地專注於祂的祈禱，讓祂的聖神在我們心內流暢，在祂與聖父之間流動。

每一個基督徒團體在祈禱中合一，共同邁向個人的聖化與基督奧體團體的聖化。那不是競賽，在比賽中每人都想要首先抵達終點，都不願意殿後，但是我們都會抵達終點，因為耶穌已經先抵達了。任何深根於祈禱的團體，都會轉向基督，那是生命的核心，祂協助每一個人能警覺、專注，在心中保持不斷祈禱的精神。

9

放下 Letting Go

據說曾經有一位婦女向印度聖雄甘地請教，她的女兒對甜食上癮，她請甘地勸說她女兒，教導其戒癮的智慧。甘地請那位婦女三週後再帶女兒來見他。婦女回去了，三週後帶她的女兒來見甘地，甘地跟她女兒說話時，這位婦女很認真地旁聽。甘地告訴她女兒不可貪心，不可一直吃甜食，把自己變成豬。他告訴她，貪食會傷害身心，之後，就告訴女兒回去，不要吃得過分，這女兒就回去了。婦女上前感謝甘地，她不解地請教甘地，為何不在三週前就這麼告誡她女兒，他說，三週前，他自己也對甜食有癮！

我們開始邁向默禱之旅時，會有多樣的束縛或上癮，如：甜食、自我縱容、幻想、往事，我們從各個不同的點開始默禱之徑，然而默禱會帶領我們脫離各種奴役與束縛，那是自由之路。令人驚歎的是，無論我們處於何階段，都要經歷同樣的旅程，因此只要從我們現在所處之地開始，跟隨眼前所伸展的道路即可。如此，我們會在生活中有嶄新的經驗，與在這條路上的每個人有共融的經驗，逐漸感受到與整個受造界合一。誠然，我們都是從不完美的自我主義起步，然而，我們要明瞭默禱不是為了完美無缺，而是蒙召成為完美的人，這點很重要。耶穌告誡門徒：「就像你們在天之父一樣的成全。」但是，無論我們是從何處起步，我們會面對兩股勢力相抗衡：此時的自我主義與不完美的狀態，與未來預期達成的完美狀態。我們需要明瞭如何面對這抗衡的挑戰，才能追隨我們意想的道路。

宗教或靈修人士面臨最大的危險是，宗教或靈修的自我主義。我們以靈修或宗教回應生命時，難免會意識到自己不完美、自我主義、罪惡，我們不是完美無缺的。當我們意識到自己不完美時，謙卑地渴望能夠完美，捨棄自我主義，但是渴求完美也可能變成自我主義。我們可以渴求完美、明悟、聖善，然而當我們走向默禱之路時，要明瞭我們基本的態度，傳統上稱這態度為*apatheia*，意思是清心寡欲、不執著。默禱的最大力量是，把我們內在的一切自我主義斬草除根。若是我們徹底不再注意自我，甚至意識到此時的不完美，以及從期望未來的完美的對立中轉移，我們做到了徹底地斬除自我主義。在默禱時，或是漸漸在任何時間，不再留意其間的對立。只要我們仍專注在其間的對立，我們就是太注意自己，陷於自我主義，自我的把戲使得以另一種形式的自負脫離自我主義。但是，默禱暗中切除自我的種種把戲，因為它是絕對的單純。默禱的力量就是切除自我主義的根，完全不專注於自我。

那是短誦的基本動力，當我們念短誦時，我們「不能」想到自己，我們既不思考自我，也不想到聖化，我們遠離自我。因此重要的是，在旅程中的每一階段，特別是在開始時，能瞭解「操練」默禱比「理論」還重要。如果你企圖發展一套周全的默禱理論，那會花你一輩子的時間，你永遠不會定下來操練。然而操練輕而易舉，每天要默禱兩次。大部分的人在旅途中要加快腳步追上，因此在這條旅程上極需要獻出時間與忠信。默禱的時間內，必須決然地單純，專心致力於短誦的純樸。靜坐、身體挺直、放鬆，但要懷著虔敬與警覺的心，找個舒服的坐姿，但是也不可太舒適。之後，輕輕閉上眼睛，臉部放輕鬆，開始念短誦。我們建議你念「*Maranatha*」，這是阿拉美文（編按，即耶穌所說的語言），意思是「主，請來」。在你心靈的深處默念，專心念。在整個默禱時間，以純樸與忠信的心念短誦。默禱需費時修煉，不需進階的訓練，只要每天默禱兩次，靜坐念短誦，好好操練，你就能邁向靜默之路。

當我們開始接受默禱的教導，有時熱衷不已。之後，開始質疑學習過程中應具備的紀律，於是感到疑惑，若這是邁向盡善盡美的道路，是否應該更高尚、更複雜？此階段是否應該有點進步，更能具體掌控自己的缺陷？然而，逐漸地，藉由默禱的純樸與我們的忠信，我們體驗到，謙遜地持之以恆就能超越自我主義，但是必須堅強地拿著意識的探照燈，去除自我。然而，知易行難，不過，念短誦就可以做得到。

念短誦會轉化你的生命，當我們有救贖與釋放的經驗時，會在日常的生活中，發現自己轉化改變。起初，我們以為自己被許多事情所束縛，事實上是被自己所束縛。我們渴望的自由，就是解脫自我意識、自我中心、自我著迷、孤立的束縛。我們渴望自由及其所帶來的喜樂，自由會超越自己與有限性，進入天主完美愛的無限奧祕中。當我們如此做時，達成了創造的目的，成為蒙受召叫的人。因此念短誦時，你的缺陷或是你期望能達到完美的那些事，都不是你要關心的。你唯一要關切的是：發現你是誰。我們還不瞭解自己是誰，但是，我們終究會明瞭自己是一個由愛所創造且為愛而生的人。

按照基督宗教的看法，這個自由的力量源自於耶穌自由與復活的生命。我們發現到的圓滿與明悟不屬於我自己，而是屬於耶穌，祂的光照亮了世人，祂與我們分享祂的圓滿。若我們以祂為中心，我們不用理會自己，因而我們能找到完全的純樸、不自我意識的方法。那是信德之路，需要做點事才能忠信，但是，輕而易舉，念短誦就能引導我們在這條路上忠信。

聖保祿寫信給羅馬人時談及自由的經驗：

「朋友們！這樣看來，我們並不欠肉性的債，以致該隨從肉性生活……因為凡受天主聖神引導的，都是天主的子女。其實你們所領受的聖神，並非使你們作奴隸，以致仍舊恐懼；而是使你們作義子。因此，我們呼號：『阿爸，父呀！』聖神親自和我們的心神一同作證：我們是天主的子女。」（《羅馬人書》8：12，14－16）

10 神聖的時間 Time is Sacred

若望・邁恩神父對短誦的教導，對我們所踏上的旅程具真知灼見，他言簡意賅地說：「如果你縮短或改變短誦，就會延後默禱的進步。」他這句話很有趣，因為他沒有說要多久才能達到默禱的目標。然而，他發現到我們可能進步，也可能延後進步。我們所遵循的傳統教導給予無比的鼓勵，不是給予新觀念，不是使我們成為更好的默禱作者或演講者，而是不斷將我們拉回來，找回我們的重要任務。人都需要得到力量，猶如需要食物的滋養，教導給予我們力量，我們的希望、信德都會得到滋養，倘若我們遭遇失敗，那麼我們需要得到鼓勵、賦予力量、激發再嘗試。我們必須放下自我，在真誠的光照之下看清失敗，明瞭那不是不成功的失敗，而是未能答覆愛的失敗。如果我們能以這樣的方式看失敗，那麼其意義就更深入。

當我們觀看愛時，愛在深處，而非在我們自己，愛引領我們自我瞭解。教導是為了走向深度與鼓勵，不是引人自滿。並不是失敗無所謂，而是應該愈來愈少失敗。我們不斷地受教不可自滿，造成自滿的部分原因是太容易接受失敗，也就是妥協。

我們受到的教導是：不可妥協，但要人性化，「愛」，並且肖似基督。因此，教導引領我們不任意妥協或自滿，而且不令人焦慮。但是，在婚姻、人生、健康生活方面擺脫自滿，易令人緊張，焦慮成敗，不過，在靈修的道路上（那是「整個」生命的道路）擺脫自滿，會引領人更深度的平安。可是，只有我們自願被擺脫時，才能親身體驗這平安。若是認為那是浪費時間，就令人匪夷所思？我們常以為一切都必須按部就班發生。

不必失望，因為我們會受到基督臨在的教導，以及基督救贖之愛的影響。但是，浪費時間需要付出代價，需要補回喪失的時間。旅程的本質，天命的要求，是我們必須補回喪失的時間，因而使得我們在旅程中困難重重。旅程應該愈來愈更加順暢，然而在旅程中不可能沒有困難或「迫害」，但是可以更喜樂，向世人多做點見證。

進步是什麼？我們怎麼可能浪費時間？進步是專注於當下，腳踏實地，心懷慈悲，積極與人建立關係，意識到天主永恆的時刻已經穿透我們的生命，並在當下彰顯。我們對昨天或明日的焦慮，事實上阻擋了永恆時刻的力量，因為那是對抗實體的假像。

我們一再自問如何生活在當下？其實答案很簡單。那不是浪費時間，而是務實的生活。不要浪費時間在瑣碎的事物或分心，當然不要自找分心。不好好規畫時間，任由自己分心，那就是浪費時間。

分心是在於動機而非行動。忙碌或是無所事事，兩者都可能會是浪費時間。

只要決心善用當下，基督徒團體會意識到時間的寶貴，瞭解時間的神聖性，明瞭浪費時間是愚蠢褻瀆。那是一個對天主的力量開放的團體，只能在當下親身體驗，不是耗用時間憑空想像。那樣的團體，以及與它連結的人，都能感受到，寂寞變成安於獨處寂靜，安於獨處寂靜變成共融的基礎。當我們努力於他人的幸福時，悲傷就被一掃而空。那就是默禱的動力，持恆於念短誦，念同一個短誦。那是我們日常生活中默禱的動力，因而能轉化我們平凡的生活成為天主的生活。

11

愛，能聖化 Love that Divinizes

「所以祂來，向你們遠離的人傳佈了和平的福音，也向那親近的人傳佈了和平，因為藉著祂，我們雙方在一個聖神內，才得以進到父面前。」（《厄弗所人書》2：17－18）

默禱之徑是以完全個人的方式明瞭上面這些話的過程，它不僅表達神學上的真理，且個人的事實。默禱以最簡單並在基礎的層次，讓我們明瞭「聖神」這個詞彙的意義，我們經常使用它，但是不甚瞭解其意義。

按若望．邁恩神父的看法，靜默祈禱的首要目的，是讓我們找到自己的心神。所以，

默禱是發現之旅，探索我們不熟悉的事情。走向不知之徑，也是走向認識自己之路。

我們愈是沉靜，愈能意識到精神是什麼，因為我們更加警醒地意識到存有的精神幅度。我們終於明瞭，精神跟心智或身體是截然不同的，而且精神不「在」身體內，好像在一個機器內的神魂，它也不在心智內，精神是奧祕體，超越時空，它能整合身體、心智的運作並昇華。

可能以上這番話聽起來有點難理解、學術性、抽象。我只是想表達千真萬切的默禱深度經驗，那是整合與自我瞭解的過程，因而當我們閱讀《新約》中的字句，比如：「聖神」這個名詞時，我們能從個人的體驗中明瞭靈性與充滿靈性的意義。我們也會明瞭聖保祿的教導，神修是生命中永恆的一面，神修的無限融合了有限的生命與有限性，身、心在精神層面合而為一。我們致力於整合與和諧的善工時，會發現內在的精神，在默禱中，我們也逐漸地有此感悟。當我們以為達到和諧的境界時，我們反而感到困擾，因為難以解釋。身心尚未合一之前，我們信心十足地給予說明或解釋，一旦達成時，親身的體驗，反而筆墨難以形容。當我們想要獵取獲得這經驗時，它卻逃之夭夭，我們愈來愈無法回答「什麼是精神？」在日常生活中、人與人的關係中、對生命奧祕的反省中、身心靈各幅度中，我們面對存有的各個不同面向，若是我們能把各面向之間的對立性劃分清楚，那就容易說明瞭。

然而，當我們踏上默禱之旅時，我們意識到存有的各面向無法劃分清楚，因為當我們發現其精神時，也在其他的幅度內變得更加穩固、真實。我們就是如此學到純樸，雖然當我們分析時，「聽起來」可能很複雜。我們無法答覆一些人生基本的問題，但是卻逐漸淨化純樸，我們受到挑戰，變得單純或是恢復複雜，然而，真的沒有回頭路。當我們問：「精神是什麼」時，事實上是在問：「我是誰？」當我們進入既強勁又純淨的純樸層面時，我們會發現到純真的存有，我們也遨遊至更深沉的靜默。當我們放下這最終的問題，不再找尋答案，而是敞開心胸接納超越問答的實體時，我們會找到寂靜。

當我們不再提問，或是問了無解的問題時，就像「公案」[7]（koan）一般，自覺到這些問題很荒謬或愚蠢，自我企圖駕馭精神，企圖用心智的功能探索精神的奧祕，那是很荒謬的。有些人藉由身體或是毒品，設法控制精神，那更悲劇、荒謬。面對無解的純樸，唯一的答覆就是謙卑，若是保持單純的精神夠長，默禱的純樸會逐漸地摧毀了自我。精神非常單純，那是我是誰的基本身分，不折不扣的我，天主認識且愛的我。精神融合心智與身體，以及我們生活的各方面，使得各層面都達到其極致，這些發生在我們足以允許精神無限制發揮時。這是默禱中靜默的功效，在靜默中自我意識自然遨遊到其起始點，那是我們存有的核心，存有來自天主，在天主內我們與自己，與天主聖神合而為一，因為神修就是愛。

我們在精神的層面經驗到愛，我們因愛而受造，愛救贖、聖化我

7. 公案是佛教禪宗一種以心體心的印證方法，以幫助求道者頓悟，起源于唐末，興盛於五代和兩宋。目前流傳下來的公案形式多為問答故事，答非所問卻破而後立，打破邏輯，不執著於相，最終悟道。一般靈修學者認為，基督信仰沙漠教父的故事與禪宗故事有異曲同工之妙。

11 —— 愛，能聖化 Love that Divinizes

們，天主的愛包括聖父、聖子、聖神。當我們愈有靈性時，就愈有愛心，我們學到天主就是愛，並在日常生活、人際關係中與愛相遇，在人性愛的經驗中感受到愛的三個神性幅度——創造、救贖、聖化，彼此相愛的紀律使得我們更有靈性。愛會彼此感染，「彼此相愛」的誡命是耶穌對門徒的神修教導的精髓，因為愛蘊含著創造、救贖、聖化。所有的愛都具其神聖性，所有的愛都會引出真正的身分，也就是天主的肖像，我們是按照祂的肖像造成，天主深愛我們。當我們在靈修的旅程逐漸進步時，擔心自己靈性上升；因為擔心喪失存有的幅度，我們害怕去愛，因為擔心喪失了自己。恐懼否定生命，且限制生命的圓滿擴展，但是默禱會克服恐懼，因為我們找到自己的精神，並發現到天主的愛，基督聖神在我們身上洋溢著創造、救贖、聖化。

「所以祂來，向你們遠離的人傳佈了和平的福音，也向那親近的人傳佈了和平，因為藉著祂，我們雙方在一個聖神內，才得以進到父面前……靠著祂，整個建築物結構緊湊，逐漸擴大，在主內成為一座

聖殿；並且靠著祂，你們也一同被建築，因著聖神，成為天主的住所。」（《厄弗所人書》2：17－18，21－22）

12 和諧合一 Harmonious Unity

柏拉圖說哲學始於讚歎，宗教是對生命的回應，宗教不僅是思考、推理、或是談論生命，也是探索讚歎。宗教的回應是進入奧祕，也就是讚歎的原因，明瞭或探索奧祕時，我們會被轉化。雖然我們無法明瞭這奧祕，但是，我們受邀去「瞭解」，甚而去愛與服務。我們受邀去探索那奧祕，那就是「靈修之徑」，也是默禱之徑。

許多的傳統，用旅程、冒險、朝聖之旅等象徵描述這探索。若我們願意探索，並且繼續在這道路上前進，我們會有靈動（kinetic）的經驗。我們不僅是瞧瞧這奧祕，而是邁向這奧祕，因而在每日的靜默之徑中成長，當然會有改變、發展。科學是探索世界創造奧祕的最顯明方法，因為科學讓我們看到可見的世界。但是，今天我們發現（我猜測初期的科學家也發現），科學反而引領我們探索靈修之徑與讚歎感。讚歎的特質是赤子般的良知，孩童對任何簡單的事物、顯然平凡的事物都會讚歎不已。什麼是精神？什麼是心智？物質從何而來？什麼是能量？什麼是生命？這些根本的問題是讚歎的來源，卻是靈修道路的起點。

靈修道路不會與生命的探索或問題背道而馳，任何真的靈修道路，就像默禱一樣，確實會帶領我們進入內在的宇宙。但是也會帶領我們超越自我，進入比自我意識更深的意識，進入存有與感知的道路，因而超越自我。這就是新約中所說的「自由」，精神的自由。我們被引入讚歎創造的每一層面，最偉大的讚歎是，我們賦予能力，使得我們的生命能與他人的生命融合、建立關係、相愛。默禱進步的真正測試，不是在抽象的知識概念上的成長，因為知識面的成長依人的心智而定，默禱是在愛德中成長，那是愛的能力。耶穌給世人的主要命令是彼此相愛，耶穌是愛德的大師與導師，祂告訴我們，愛會引領

12 —— 和諧合一 Harmonious Unity

我們獲得大智大慧。但是，我們需要（在現今的社會更迫切需要）一個內在的道路，完全瞭解自己的道路，之後，我們才能夠與世人及周遭的人在深度的愛中連結。

默禱之徑很簡單，就如走路一樣，一步一腳印，但是卻如同朝聖一樣有極嚴格的要求，因為必須「不停」地走，不可回頭，也不可坐下來等待終點從天而降。默禱是神修之徑，顯示給我們實體，那是旅程的泉源與目標，不是內在、外在，物質、精神的對立。默禱之徑顯示我們，實體是合一的，所有的實體都會合而為一。那是聖經主要的啟示，天主是合一的。因此，新約的主要啟示是，所有的受造物都要修復，與天主合而為一。默禱是靈修之徑，帶領我們圓滿的經驗到實體的合一，合一的天主。默禱帶領我們對真理有統合的個人經驗，而不是別人的轉述。我們不是憑藉著「閱讀」體驗，不是經驗他人所向我們述說的。他人的智慧與教導，還有傳統，都是指引並使我們保持在正軌的重要因素。我們無法在這條旅程上獨行，但是這旅程的經驗確實是很個人性的，是個人親身的驗證。

首先，默禱整合我們，引領我們合一：心智與心靈，身體與精神的合一。我們總認為我們各異的因素彼此競爭、抗衡，但是此時，這相異的因素都會在一點相會，在個人意識的深處相會，那時我們會看到所有不同的幅度都融合為「一」。當我們體驗到合一時，我們內在與外在的生活都會和諧共鳴。

我們用合一與和諧描述實體的經驗，耶穌稱之為「天國」。默禱是找到內在天國合一與和諧的道路，在那內在的領域中，體驗到我們就在天國內。

在這合一的道路上，只念一個字，把其他所有的話語、觀念、想像或哲理都置之不理。我們只抓住一個「卑微貧乏」的字，在默想時，局限自己聆聽這個字在內心發聲。所有的言語和想法，焠煉成簡單的單字或詞語，整合我們存有的豐富面。那個單字就叫短誦，那是神聖的字，默禱時自始至終不斷誦念。為了確實走上旅程，必須騰出時間確實去做，每天早晨與晚上各挪出三十分鐘，默禱時，把所有的思想、問題、計畫、對過去的分析、對未來的焦慮都放在一旁。最後，我們也會遺忘自己，正如耶穌的告誡：為了能在祂的旅程中，一路跟隨祂，我們必須遺忘自己。

在合一的幅度內，我們能經驗到與自己身體的合一。為了能達到那境界，必須練習身體靜定的紀律，猶如我們必須學習念短誦，那是內心、心智寂靜無聲的紀律。輕柔地閉上眼睛，背部挺直，輕鬆但警醒，然後，慢慢地，懷著信德與愛，在內心不停的念短誦，短誦會引領達到合一的境界。不要思考短誦的意思，只是聆聽它，一面念、一面「聆聽」，我們會整合為一。聆聽短誦是走向和諧的道路，因為聆聽時，能聽到在內心發出的和諧之音。短誦並非毫無意義，而是涵蓋與表達了一切的意義，因而整合了一切意義的表達。和諧之音會在我們內心產生共鳴，好似音叉。我們與基督、祂的生命、祂的生命韻律、祂的生命能量產生和諧與共鳴，而基督也與天主產生共鳴，因此，我們在基督內就是在天主內，這就是為什麼耶穌說祂是通往天父的道路。

每天早晚默禱時，可能意識到念短誦時，在心理方面所遭遇的困難，那需要紀律，不停念短誦，分心在所難免，但不可因而作罷。開始學習默禱的前幾個月，必須要有紀律每天做兩次默禱，並持之以恆，若一時停頓了，就再重來。久而久之，基督徒對紀律的意義會浮現出來，不會讓你失望，你首先會體驗到信德，之後體驗的意義浮現出來，成為個人的經驗，有時使得現世生命具有意義。總是會有遠離此徑的誘惑，思緒隨著分心而飄去，對自己的「進步」不滿意，不安、煩躁、不滿足。短誦會把我們從誘惑中召回來，引領我們沉靜，發現到共鳴，那是與基督的共鳴，基督與天父共鳴的寂靜，那是我們遵循簡單和謙卑的默禱之路的願景。那是令人讚歎與真實的實體的願景，我們都蒙受召叫自己親身體驗，但是那願景需要有決心與紀律，需要時間學習那決心與紀律。但是，輕而易舉，只要坐下來念短誦。

聖保祿在《厄弗所人書》中，描述了在基督內與整個受造界合一的願景，讓我們思量他的勸勉以準備默禱：「為使我們知道，祂旨意的奧祕，是全照祂在愛子內所定的計畫；就是依照祂的措施，當時期一滿，就使天上和地上的萬有，總歸於基督元首。」（《厄弗所人書》1：9－10）

13 與他人相遇 Meeting the Other

在這旅程的某一點，我們開始領悟默禱教導了我們很重要的功課：如何愛與被愛，也教導我們耶穌傳授的真理，我們必須死於自我、捨棄自我，這就是「愛你的近人」的真諦。愛就是讓那人「做自己」，意思是我們準備好要重視他人，完全專注於他人，因而經驗到自己已完全喪失。

我們不是從知識上學到這道理，而是從實際的生命經驗中學習。此外，整個人類大家庭必須學習這真理，學會如何在我們之間連結，並且與世界建立連結。沒有人在這社會上不會意識到，近代我們生活在極度緊繃的社會，分裂成極端與暴力相對抗的勢力。但是，基督徒的真福八端中告訴我們是有福的、快樂的，因為我們締造和平。默禱引領我們明瞭，在暴力的世界裡做和平的締造者的矛盾性，並非含糊空泛，而是明確的。那幫助我們明瞭決心默禱，就是決心讓基督臨在於世界，決心具體實現基督的和平與愛。默禱之徑確實是和平之路，在精神上與心理上與世上的緊張、暴力、猜疑相連結，我們都處在這動盪不安的世界，我們是其中的一份子，也有部分的責任。一當開始默禱，我們很快就發現，我們不是為自己，也不是為自己個人的平安默禱。

在短誦的貧乏之中，我們開始遺忘自己，因而發現藉由無私的關係與責任，默禱激發無數促成世界和平的方法，並且發現到愈是遺忘自我，愈能促成世界和平。

不僅是個人享有默禱的益處，而是大家共同的利益，因為自我會逐漸減少占有默禱的果實——平安、喜樂、自由。聖神的果實只有在認清自己之後才能獲得，做為耶穌的門徒，首先就要認清這點，因為當我們找到真正的自我時，就找到自由，就找到能量、安詳與喜樂，這是人類大家庭共同的積蓄與經驗。當我們認識自我時，自我認知就會完全貢獻於人類大家庭，猶如所有真正的家庭，所有的東西都共用，我們所擁有的，也屬於其他人。在靈性的大家庭中成長的奧祕是：以最務實與實際的方式，體驗靈修道路與祈禱，祈禱是是社群的創造者，是和平的使者。

為了明瞭這些，我們必須學習，我們要邁上一個很艱辛的旅程，旅程無比嚴苛，但是非走不可。我們必須遺忘自我，但是除非我們找到並進入內在的寂靜，否則我們無法辦到。我們無法明瞭為何人類大家庭不合作，除非我們瞭解並經驗到寂靜，瞭解其真正的含意。我們可以獨自默禱，但是，「絕不可」孤離地默禱，我們無法在孤離中找到自己或是自我省視，如果我們一意孤行，只會一再找到自我而已。

13 —— 與他人相遇 Meeting the Other

只有在經驗到他人時，或是轉向他人時，覺察他人時，我們才能找到自己。我們害怕他人，因為我們擔心若親近他人的實體，我們所努力獲得的一點點實體會喪失。這樣的害怕有其邏輯性，但是不能因為害怕而不嘗試去做，害怕之下隱藏著真理，只有卸下面具才能找到。

若我們與他人接觸，我們不可能一成不變，這是千真萬確的，「沒有人能見到天主的面還能活著」這縈繞於心頭的話是真實的。天主是「那一位」（the Otherness），實體中的實體，祂是真實的。我們與他人相遇的深度，就是我們改變的程度，我們改變成真正的自我。相遇愈深，改變愈大，並且猶如經歷死亡。但是，耶穌親自教導我們，並與我們同在，祂告訴我們即使在死亡中，我們仍能接近那一位天主，不用害怕。確實如此，在祂的意識光照下，我們可以明瞭，我們整個的生命只是逐漸與那一位天主相遇。我們生命中的各種關係，接近他人，都會使我們更深刻地與那一位天主相遇，我們是按照祂的肖像而造的。當我們默禱或愛他人時，就會有這體驗，並發現到當我們與人相遇時，我們的懼怕一掃而空，愈是跟他人深度相遇，害怕就愈少。反過來說，我們愈是與天主接近，我們愈敬畏，因為天主是愛。但是，當我們與天主相遇時，害怕一掃而空，我們更加純熟圓滿。

不用害怕，因為他者性（otherness）不是處於反對、緊張、敵對的狀態。當我們轉向他人時，並不是敵對的，與他人的經驗，不會造成分化，反而是合一，不會擴大差異性，而是增加相似性；符合一致，而不是不一致。

除非我們鼓起勇氣面對他人或與他人相遇，否則我們找不到自己，我們只是自己的他人而已，我們對自己形同陌路，那就是自我主義的狀況，與自己疏離。在那情況，他人都與我們對立、反對。無論是在個人或是社交上，我們都經驗到恐懼而不是愛，被拒絕而不是熱誠。我們經驗到悲傷、不信任與暴力。走出這深淵的第一步是勇敢與自己相遇，不要把自己當成他人或陌生人。我們無法靠自己內在的資源辦到，若不是天主愛的介入，我們永遠無法得救。我們心甘情願做默禱，並明瞭因著愛我們與天主相遇，這些都是祂救贖之愛的標記。

默禱時，我們學習遺忘自己的各種形象，因為真實的我不認識這些形象，它們好像是錯誤的標籤。我們自以為聰明能自我分析，反而阻隔自己，無法認識真正的自己，不得與實體有救贖性的相遇，深陷於自我意識的禁錮中。只有在基督自由中，在祂的純愛的自由中，在我們精神的深處，才能得到完美的自由。只要我們學會純樸，接受白白的恩賜，忠實於這恩賜，我們就能朝向那實體。念短誦會教導我們如何愛，如何拓展超越一切的自我假像，進入實體，與基督的實體合一。它會教導我們做自己，知道融合中的喜樂。那就是聖保祿致羅馬人書中所描述的與基督合一。

如果我們藉著同祂相似的死亡，已與祂結合，也要藉著同祂相似的復活與祂結合，因為我們知道，我們的舊人已與祂同釘在十字架上了，使那屬罪惡的自我消逝，好叫我們不再作罪惡的奴隸……所以，如果我們與基督同死，我們相信也要與祂同生，因為我們知道：基督既從死者中復活，就不再死亡……因為祂死，是死於罪惡，僅僅一

次；祂活，是活於天主。（《羅馬人書》6：5－6，8－10）

14

放下需求 Leaving Needs Behind

有時我們不知道自己的實力，直到受到挑戰，衝破自以為的能力時才恍然大悟，同樣的道理，教導受到挑戰時，教導的真實深度才會顯露出來。若望．邁恩神父的教導常受到挑戰。有人會說：「你要求太多了！默禱之路的確很重要，你能遵循它，你是傑出的人物，但不是每個人都那麼優秀，不是每一個人都那麼意志堅定、平衡、整合。或許你可以辦到，或許你可以找到一些人做到，但這不是很普遍性的。那方法太貧乏、太嚴格、太嚴苛。」若望．邁恩神父會非常強烈地回應，他感到很失望，因為這些挑戰大多來自修會人士或是神職人員，他們是有特殊的責任，服事與傳播福音給所有天主的子女。若望．邁恩神父很失望，因為他們低估了福音，以及每個人答覆福音召叫的能力。

他僅僅引用福音回應他們的挑戰，若望．邁恩神父說，如果這樣的默禱方式強人所難，那麼耶穌的召叫也是太強人所難。如果期待一般人能默禱，是不切實際，那麼期待一般人能追隨基督也是不切實際，因為默禱的方法，就是跟隨耶穌的教導，以放下自己去跟隨他。並不是蒙召遵循完美成聖的方法，也不是蒙召當英雄或天才，更不是蒙召做任何奇特的事情。我們只是蒙召做自己，花時間與自己共處（無論是五年或五十年的歲月），耶穌愛你，祂為你犧牲了自己的性命。

因此，若望．邁恩神父說默禱的教導就是福音的教導。在《沉入靜默》這本書中，他說：「若望．伽仙（John Cassian）對祈禱的教導都是基於福音」，他引述耶穌的話：「你們祈禱時，不要嘮嘮叨叨，如同外邦人一樣，因為他們以為只要多言，便可獲得垂允。你們不要跟他們一樣，因為你們的父，在你們求祂以前，已知道你們需要什

麼。」（《瑪竇福音》6：7－8）

那確實是挑戰與嚴苛的話語，但是那是針對每個人說的，沒有人可以做他自己，除非他們嚴肅、真誠地回應，事實上我們都是蒙召做回應。

我們在默禱中回應耶穌的召叫，任何默禱的人都能瞭解，我們能回應是因為我們默禱，這麼說不是自大。耶穌召叫我們做的事很簡單，當人在工作時，祂會停下來，看著他們說：「跟隨我」，僅此而已。如果他們起身跟隨了祂，那就是回應，他們上路了。福音中指出最重要的事，他們繼續與耶穌共處。福音上記載，當耶穌走近耶路撒冷時，許多人發現祂的教導太生硬了，因而離祂而去。那些留下來跟隨祂的人實在是少數，他們最後也都逃跑了一會兒，那是極大考驗的時刻，然而按當時情況實在無所謂。耶穌阻止跟隨者談論進步或回報，時間很短暫，他們需要把握那有限的時間跟隨祂，更加滿全，更加無條件，更加充滿愛。事實上，堅持即是進步。

按耶穌的說法，「天父在你求祂之前，已經知道你的需求。」這要求挺高的：祂要我們靜默，我們要相信祂。在默禱中靜默，那是信任天主的至上表達，猶如人際關係，人與人之間因信任而靜默。從默禱的經驗中，我們知道乍聽到「遺忘你的需求」這要求時，有點嚇人，幾乎難以明瞭。我們如何能不理會自己的需求呢？我們需要自我實現、同理心、被瞭解、被認可，以及任何受人肯定的基本需求，捨棄這些需求會有很負面的反應，但是執著於這些需求，就是持續「在需求中」。執著於需求，即是否定圓滿，我們要活在當下。當我們一味抓住需求時，那已經不是需求，而是欲望。

我們如何放下需求呢？默禱說非常簡易，只要不自找它們，不祈求它們，至少不要以自以為是的方式，你就可以擺脫需求的欲望。彌撒中的祈禱就是祈求，但是那是教會團體的需求，每個人都已經超越或是正在努力超越他個人的欲望與自我主義。當我們祈禱天國的來臨時，就是棄置自己孤立的需求與欲望，犧牲自我以達到天國，這是共融合一的準備。當我們停止不想需求時，它自然會被遺忘。這可能是最大的挑戰：不思考自己的需求，相信天國已經建立，我們愈是相信，天國就愈加滿全，只要我們懷著信賴之心。

我們很容易整天只想著自己，甚至自己不自覺，習慣於自我迷戀，就像個人的無意識習慣性動作，卻不自知。我們可能四處尋找我們的需求，深度的需求，立即性的需求。我們也可能胡思亂想如何培養靈性生活？如何成為完美？如何心想事成？想到進步、舒適、身體或情緒等各方面。我們按照我們的需求與想望塑造了今日與明日，以及我想要成為怎樣的人，希望發生什麼事。這是宗教生活的潛藏危機，耗費時間只是想到自己與自己的需要。我們必須面對生命中的危機。幻想會在內在重新塑造，一直捲土重來，我們要有勇氣粉碎它，必須忠實地每天默禱，使這幻想破滅。

從外在看來，修道院的生活作息是自我修行的，事實並非如此。修道院的生活直接導向天主，引導我們走向他人，為團體服務，為他人及那些求助者服務，一個總是歡迎且開放的團體，在正道上追隨耶穌的夥伴關係。耶穌在走向耶路撒冷的道路上，捨棄一切個人的需要，心知天父瞭解祂。耶穌在往耶路撒冷的路上，藉由革責瑪尼山園的棄絕，在復活的山園內，所有的需要都得到了滿足。真正的修道人不思考自己的需要，而是專注在天主與天國，不思慮追隨基督的回報，而是讚歎地發現且高興有此榮幸追隨祂。

15 富裕的貧窮 Rich Poverty

做默禱，便絕無可能不對貧乏的真意以及神貧精神的內涵有所覺察。默禱會帶領我們體會到自己的貧乏，這是最具治癒與令人驚奇的經驗。匱乏的精神確保我們仍通往朝聖之旅，體驗到神貧，遠比神修的成功經驗，更確保我們走在正道上。瞭解貧乏的精神，就能認識我們自己，往往我們很驚訝地發現，我們逐漸對自己有某種程度與深度的認識。

真相絕對是令人驚訝不已。真相顯露時，我們不知不覺，但是當我們愈來愈能感受讚歎時，驚訝的感覺會持續下去。起初，經驗到貧窮，讓人覺得很奇妙、陌生，甚至有敵意。因著長時間的忍受貧乏，我們學習並瞭解其真正的意義，這經驗令人振奮且深入我們的生活，恰如耶穌在真福八端說的：「神貧的人是有福的，因為天國是他們的。」耶穌說的這句話會轉化我們的生命，然而我們首先必須學會認可貧乏，且保持貧乏的精神。若把這精神生活出來，就能瞭解為何若望．伽仙寫到默禱時，稱之為「偉大的神貧」之路。

神貧的精神是人性重要的體驗，如果沒有親身經驗，無法突破進入我們的實體，也無法發現個人的天命。我們利用物質貧乏的比喻，幫助我們瞭解精神上的貧乏。貧乏是觸及谷底（存有的基礎）的狀態，我們沒有更多的資源，只能依賴造物主。學理或神學方面沒有特別論述貧乏，但是那活生生的經驗卻是激蕩人心，貧乏能幫助我們瞭解自己是誰，單純的實體。神貧的精神可說是另一種實體，當我們真正感到貧乏時，我們能明亮地看清自己、我們的生活、人際關係。然而，我們本能的抗拒貧乏，好像一股地心引力拉著我們，因為我們喜歡自我的幻想，自己可以脫離造物主而獨立。在那種假像的獨立狀態下，我們製造了魔王意識、自大的概念，自以為與天主建立平等的

「關係」。我們能與天主「共融」全自出於祂的寬宏大量，遠超過關係。我們在祂內生活、行動與存有。獨立自主的幻想使得我們付出代價，喪失做天主兒女的自由。

只要我們抗拒貧乏的清明光照，我們的視野就模糊了，好似在隆冬時攀登蒙特婁的皇家山（Mount Royal）看到景觀的變化，我們的修道院建在這座山上，站在高山上俯瞰城市與聖羅倫斯河（St Laurence River），遠眺佛蒙特（Vermont）群山。那時節，寒冬清明的光照，往右邊看，可以看到山峰聳立於地平線上。盛夏時節，熱氣蒸騰，連山腳都看不清楚，濃厚的熱氣薄霧使得一片朦朧，什麼也看不清。神貧讓我們有清澈的遠見，能直視我們存有的邊界，若我們接受並停留在那裡夠久，它能啟示真正的意義。問題是：一旦我們看到存有的邊界，我們想逃跑，那觀點太強，我們會抗拒，那是因為今日社會的狀況，更加強化那觀點。物質社會教導我們否定人性限度的真相，避免貧乏，把它看成失敗。在這個以成功為導向的社會，失敗是邪惡的，那會否定或削減生命。

基督徒對貧乏的看法挑戰那模糊的視線，因為

基督徒的視野焦點落在十字架與復活，我們以不同的態度看失敗，並非我們故意失敗，而是明瞭失敗蘊含貧乏的部分意義，最重要的是認清生命展現、發展與展延的奧祕。

復活讓我們認清十字架曾經是失敗，提醒我們生命並非圓滿無缺，並非毫無失敗。僅是以神學的角度明瞭，或是在報告或討論中承認這事實，那是不夠的。如果要有救贖的含意，必須親身體驗，只有個人的參與，視野才能清澈與擴展。

十字架顯示給我們，神貧的精神本身是一種失敗，但是十字架教導我們不要抗拒失敗。如果我們想要瞭解神貧的精神，我們必須接受它是我們存有、天賦所能及的界限，我們無法憑己力跨越。我們知道

十字架延伸進入復活無限擴張的領域，越過我們的界限，就是天主的國度。

神貧的精神是「偉大的貧乏」因為當我們接觸存有的界限時（那「是」十字架：「接觸」它），它會後退並擴展，令人讚歎不止，那就是復活。我們不需要認出那擴展的力量來自何方，那需要假以時日。耶穌個人的力量，祂的存在是沒有界限的，復活的新存有，充滿並伸展我們有限的意識。

我們不會立即就認清，但是每當我們通過十字架，接觸到邊界時，我們就把界限往前推，我們在更敏銳、更純淨的亮光中看到祂。每當我們默禱時，就有如此的經驗。祈禱能幫助我們在生活中領悟神貧經驗的根本意義。念短誦引導我們進入這領域，在此駐留，直到擴展的時刻來臨。短誦教導我們等待，因為重生與擴展的恩典是天主的恩賜。

我們會受到從這界限中退縮的誘惑，停止念短誦，抗拒神貧的經驗。我們會做白日夢、異想天開、夢想成功，或是反向操作，耽溺於貧乏，把失敗包裹為成功。我們忙於瑣碎的事，或是推遲怠慢，若我們持恆忠實於念短誦，它會帶領我們超越芝麻綠豆的小事、白日夢、不斷拖延的痛苦深淵，而堅持地走下去。十字架強有力的激發我們，加爾瓦略山教導我們不要逃避，而要擁抱貧乏，吸進更深的貧乏經驗，因而我們汲取基督的無限豐富性而生活。福音的奧祕已經被宣報了無數次，如同各世代的人，我們必須親身學習再度發現它，這奧祕已經深藏數世代，如聖保祿所說的：

「這道理就是從世世代代以來所隱藏，而如今卻顯示給祂的聖徒的奧祕。天主願意他們知道，這奧祕為外邦人是有如何豐盛的光榮，這奧祕就是基督在你們中作了你們得光榮的希望……為使他們的心受到鼓勵，使他們在愛內互相連結，充分的得到真知灼見，能認識天主的奧祕——基督，因為在祂內蘊藏著智慧和知識的一切寶藏。」（《哥羅森人書》1：26—27，2：2—3）

16

看見天主 Seeing God

人的特點是喜歡用比喻，論及默禱，我們常用洞察力（vision）做比喻，或許省思洞察力的比喻有幫助。神修生活常被比喻成「旅程」，或許瞭解洞察力與旅程這兩個比喻之間的相關性，會有幫助。若望．邁恩神父自述他曾經請示師傅，默禱的旅程需要多久，只要提出這問題，師傅就不理睬他。之後若望神父也常遇到他人詢問這樣的問題，他讓問者瞭解那是荒謬的問題，或是不理睬那問題。我認為最好的辦法就是不理睬它。默禱時，我們要懷著信德邁進，切勿分析進步。默禱非學不可，但是又是費時地學習。當我們領悟到時間只是譬喻，學習的時間就縮短了。

「究竟要花多少時間？」引出其他的問題，「我進展得多快？」、「我有什麼進步？」這些問題反而使得默禱的旅程變慢。只顧未來，使得我們不能親身體驗當下。當若望神父拒絕回答這方面的問題時，事實上他已直接了當回覆：活在當下，默不作聲更貼切答覆。多久？多快？對任何的行程我們都可以提出這樣的問題，但是默禱例外，因為那些行程與時間與空間相關。然而，默禱是走向天主的旅程，我們愈是沉浸在天主的實體中，時間與空間的幅度就更加稀薄，我們的意識更加自由，心神也自由。我們只能把邁向天主的旅程以時間與空間的幅度做譬喻，這譬喻很重要，當我們忘記這譬喻時，我們就失去了焦點，我們（和天主的實體）分離了，不知所措，掉入自我意識的受限軌道。每天默禱時，我們會面臨這問題，重述初期教會的經歷，他們問：「還要多久，主才會再來臨？」、「我們抵達第二次來臨的旅程有多快？」當時他們意識中所醞釀的問題，也發生在我們身上。我們務必明瞭，他們所推算的與所夢想的基督來臨的日子，已經漸露端倪。

每天默禱教導我們，每天我們更加自由與圓滿地生活在基督臨在與基督奧祕內。並非我們否認時間與空間的相關真實性，當我們生活在當下時，生活更加有效率、合理、明智，且與天主相關連，因為祂完全不受時間與空間的限制。因而，我們開始以基督徒的眼光看待，人性的實質狀況與基督內的天主實體之間的關係，既在時間內又包含時間，在空間內又超越它。那樣的洞察，是從親身體驗與靜默中萌芽的。到了某個程度，我們自然而然會沉靜，遺忘比喻，進入純真的實體。因此，我們需要念短誦，寂靜無聲，日復一日，一年又一年，隨著時光的消逝，這旅程好似片刻，不知不覺地，我們就抵達了那境界，甚至我們都不知過往已逝。聖保祿說：「我告訴你們一件奧祕的事：我們眾人不全死亡，但我們眾人卻全要改變，這是在頃刻眨眼之間發生的。」（《格前多人前書》15：51－52）

我們抗拒踏上旅程，抗拒帶領我們走上這條路的力量，因為我們心知肚明這條路會要求我們部分的自我消逝。但是，若是我們能稍微開放自己、稍微忠實，會感受到那引領我們的力量強於那抗拒，無論何時，那力量總是稍微強過抗拒。因此，不管自己如何，我們還是踏上這旅程，當我們成長時，我們更加清晰明瞭聖保祿的意思。我們理會死亡是覺醒，在那片刻中我們改變了。若望神父說天國並非一個地點而是經驗，若是把它當成地點，我們的意識被譬喻局限了。若是以經驗來瞭解，自由地對天國有滿全的認知。在基督的時刻中，在基督的日子中，在永久的頂峰日子中，經驗到在剎那間看清一切。

因此，若是我們用旅程的比喻，瞭解為何默禱，也必須以洞察力的比喻補充或修正。默禱引導我們淨心，耶穌告訴我們，那是幸福、祝福，因為純淨的心能看見天主。「看見天主」是比喻，看見天主跟看到物體截然不同，不能以物體的方式認識天主。比如，當我們看到美麗的景象，或是看到祭臺上的聖體櫃，我們不僅是看到物體，我們看到天主。靜觀時的洞察力，不受限於物體，如同旅程不會受限於時間或空間。當我們有人性的經驗，瞭解他人與被人瞭解，有愛的經驗，我們才能領悟。當他人看清我們，我們對他人的形象就完全改觀了，自我主義的障礙，主體與客體的障礙都被瓦解了。正如基督所說的，祂拆毀了阻隔眾人的牆壁。

只有天主或那些在天主內的人，能看見天主，若是我們明瞭愛就是與他人分享對自己的認識，我們能稍微領會這句話。我們必須停止觀看自己，必須靜定，如果默禱引領我們在任何人身上或任何地方看到基督，那是因為默禱教導我們遺忘自我，因而明瞭我們只能在聖神內看見基督，聖神是耶穌走向天父的旅程，也是天父看見聖子的形象。

17 認知與經驗 Knowledge and Experience

我們決定開始做默禱，希望可以開發內在的潛能，也可能是因為找不到其他的方法可以完全實現深度的潛能。默禱可以將埋藏的能量湧出，因為那是通往知識之路。許多隨手可得的方法只是體驗，我們常找尋經驗。默禱不是尋求經驗，因為認知更佳。

默禱之前，自我認知的理論告訴我們的限度，告訴我們一敗塗地，強調我們缺乏想法。自我認知告訴我們該做什麼，但是卻心有餘而力不足。顯然，這樣的自我認知，不是令人很愉快，可想而知，我們想要遠離它。花那麼多時間過那種自我認知的生活，逐漸失掉生命的芬芳，而且生命旅程變得憤世嫉俗，甚至絕望。那樣的自我認知是按照他人的標準自我分析、批判、檢視，一心渴望得到他人的認可。這是現今最普遍的自我認知，認為自己不堪當，醜惡的自我意識根深蒂固，使得人以為永遠無法認識真正的自己，因而造成雙重的人格：內在未知的自我與隱藏的潛能，以及外在的自我與開發不足的潛能。生命的雙重性看法，會使生命的意義流失，因為它會搶奪了生命的整合性。因為我們自己內在分歧，造成了生命的受傷與破碎。

最後，因天主的恩寵引領，我們開始默禱，每人開始默禱的方法各異，然而種子深植在我們內心，已經開始發芽，最終我們都會認真默禱。另一種的自我認知開始出現，那是覺知，沒有設限，潛能迅速發展。不是幻想或夢想我們會成為怎樣的人，而是知道我們個人所擁有的潛能，那是臨在於我之內的恩賜。當我們接受存有恩賜時，我們明瞭自我的潛能。

這就是為何若望．邁恩神父描述默禱是接受我們存有恩賜的道路。當我們走在接受恩賜的路上，生命獲得延展奧祕的動力。原本就只是個問題，如今擴展成奧祕，問題猶如生命中打結之處，鬆開結時也就顯露奧祕。奧祕的基本特徵是它無法被分析，我們自己的存有就是奧祕，我們可以進入奧祕但是無法分析，也無法解析，分析它就會喪失其意義，奧祕的活力逐漸流失，愈是分析愈是纏結，製造另一個問題。

社會上許多人瘋狂的尋找奧祕，通常都是在他自身之外尋求。智慧的第一步是要知道初級的奧祕可以在我們自己的存有中相遇，存有是進入奧祕的唯一法門，只要進入自己存有的奧祕，就能對自我認知有新的見解，不再依靠自我分析或自我觀察，而是心懷謙卑、崇敬與自我接納。

為何默禱是這樣的呢？很奇妙的是：我們只能因著遺忘自己而接受自己。在默禱中，我們遺忘自己，因而進入存有的奧祕中。在真實的生活與實際的操練中，怎麼可能進入這自我認知的更高層次呢？若是我們一味地思考自己、檢視自己，就會進入一種自我分析的層次。但是，若我們反過來，轉移對自己的專注，或是遺忘自己，就能進入真正的自我認識。

17 —— 認知與經驗 Knowledge and Experience

我們常常忘東忘西，一天當中忘了不少事，真令人費解，怎麼可能忘記最重要的、最迫切、最緊急的事。有時，我們連自己的姓名、自己是何許人都忘了！但是，絕忘不了「自己」，可是偏偏我們就是需要忘掉自己。遺忘自己的意思是遺忘自我意識，簡單地說，就是成為「我之所以為我」。若要經驗生命是無限擴展的奧祕，而不是問題重重，必須遺忘自我意識。我們不會在意識內成長，也不會在聖神內成長，除非我們切割自我意識。重要的問題是：「我們如何辦到？」答案很簡單：「只要念短誦」。你不需要機智、聰明、悟性好才能默禱，只要認真開始念短誦，然後謙遜地持恆。念短誦引導意識合一，也就是純樸。當我們念短誦時，我們把生命中的問題置之腦後，進入生命的奧祕。只要每天早晚忠實地念短誦，就能獲取其成果，遺忘自我意識，進入真正的自我認知。

那要怎麼做呢？很簡單，首先，懷著謙遜之心，做簡易之事。要有些許的信賴之心，因為要假以時日才能看到成效。要有些許的勇氣，轉移對自己的專注，即使是很短的時間。還要有恆心，精神與心理方面的韌性勇往直前。在這旅程中所需的一切都會賜於我們，這是很令人驚歎的，因為那是來自基督的力量。我們不是靠自我意識的鞭策，而是基督的能量，祂的愛超越我們。

那是默禱的謙卑，或許敏慧的謙卑是我們最需具備的特質，默禱開放我們的心智與心胸，引領我們到一個比我們更壯大的奧祕，到比自我主義更強大的愛的力量。開始時，只要懷著謙虛的純樸，之後自然會有繼續前進的力量，純樸蘊藏在念短誦內。

聖保祿在寫給厄弗所人的書信中論及純樸：

「他祈禱因著天父的光榮的寶藏，能夠以大能堅固你們內在的人，並使基督因著你們的信德，住在你們心中，叫你們在愛德上根深蒂固，奠定基礎，為使你們能夠同眾聖徒領悟基督的愛是怎樣的廣、寬、高、深，並知道基督的愛是遠超人所能知的，為叫你們充滿天主的一切富裕。」（《厄弗所人書》3：16－19）

18 本我的光明 The Light of the Self

造成悲傷與痛苦的最大緣由是無法溝通。常常在我們嘗試要表達或是在表達的過程當中，扭曲了我們的感想與意思。一再地無法溝通會累積成可怕的感想，以為我們再也無法傳達真正的感受與意思。如果感受到，我們真正的自己與他人永遠隔絕，無法向他人表達最深層的感受，那麼我們處於孤立，更加深我們的孤獨與懼怕。默禱的最大力量是它直接勇敢地面對這孤立的痛苦感覺，因此，當我們開始默禱時，很快地，我們就「腳軟」害怕，感覺「太過分了」。直接面對孤立感令人很不舒服，令人痛苦，因而可能被壓抑，困在孤獨之中。

默禱時，孤立痛苦感會湧現，這些感受無法遁逃，也無法轉移。

若是你想要成為全人，你必須面對這事實，如果我們不能向他人傳達真正的自己，那是因為我們沒有跟自己連結。若是我們感覺與周遭的人疏離，那是因為我們與自己疏離。只有當我們知道自己是誰，才能成為「我是誰」，我們才能向他人傳達自己。當你默禱時，你與真正能傳達的本我相連結，那需要下苦功持恆默禱。

持恆於默禱時會面臨一個問題：「什麼阻擋了我們與真正的自己連結？」默禱的答覆簡單明瞭，但不易讓人接受：「沒有什麼」。在我們與真正的自己之間什麼都沒有，只有錯誤的想法，我們稱之為自我。自我是孤立痛苦的起因，以為出口是幻想，毫無出口。那是對實體的扭曲認知，錯誤的鏡片，使我們的視線模糊，使得我們誤解自己與他人。在我們與真實的自己之間，沒有任何的隔閡，因為顯然地，我們就是真正的自己。當我們經驗到我們內在的光明，與天主之光合一時，那就是悟道。為了能悟道，必須學習如何成為我們自己，遺忘假像，修正自我的模糊影像，自我是錯誤的。

問題是要找到錯誤的根源，才能修正它、遺忘它，找到根源才能徹底連根拔除。然而，尋找錯誤反而強化它。我們要找尋的是真理而非錯誤。因此，我們要默禱，以遺忘這些假像，遺忘「一切」的想法，默禱如同真正的自己一樣單純。

學習默禱需要紀律，此外還要學習一些簡易的實務操作方法。學習任何藝術，都需要某種程度的操練與恆心。務必靜坐，坐正背部挺直，輕輕閉上雙眼，輕鬆地坐著但是必須警醒，然後在內心默念短誦。

每天早晨與晚上默禱，我們會甩掉一層自我意識。首先，我們必須學習遺忘一切的思想，接著，在下一層的意識中脫離想像，把所有的圖像都遺忘。當我們做到這點時，就會赤裸裸地，自己沒有任何隱藏，這就是耶穌所說的「神貧的精神」，祂說「精神貧乏」的人是快樂的，所有的悲傷都一掃而空，精神愉悅，因為「天國是我們的」，真正的自己光芒四射。

那是很美的神貧精神，那是鼓舞人心令人嚮往之路，有時在這條路上跌跌撞撞，但是無損於這條路快樂、美麗與平安，那是極大的神貧，因為我們得到解放，看到真正本我的光明，明瞭我們就是那光。短誦會帶領我們衝破重重的思考、語言、想像，而達到完全意識的純淨光輝。短誦極為簡單，好似導引飛機衝破雲霧而下降的嗶嗶聲，飛機只要追隨那嗶嗶聲，就會在航道內。也好像電腦螢幕上的游標，它同時遵照並引導用戶的心智，操作電腦者緊隨著那游標。短誦只是焦點，引領我們到中心點，真正的本我在那裡光芒四射。你持續奉行默禱，在默禱中，你可能不會每次都有感覺，但是別擔心，別期待會發生什麼事、任何光芒閃露，聽見什麼話語，別期待發生任何事。若你持恆默禱，你的生命會逐漸散發出內在的光芒，你會明瞭，在每一個事物都有光。

若望．邁恩神父說，在默禱的修煉旅程中，必須失去的唯獨就是我們的限度。幻想是心神擴展的莫大障礙，使得我們與真正的本我分歧。當我們失去了限度時，就會獲得真知灼見，我們與自己、他人、天主都合而為一。我們學到《聖若望福音》中與書信中所啟示的，在我們內散發的光是基督之光，這光照耀世人。「我們由他所聽見，而傳報給你們的，就是這個資訊：天主是光，在他內沒有一點黑暗。……如果我們在光中行走，如同他在光中一樣，我們就彼此相通。」（《若望一書》1：5－7）

進入我們內在之光的路是貧窮的路，但這路是美麗的貧窮。這路是簡樸之路，藉由短誦，理論與實踐都得到同樣的結論。只要篤信念短誦之貧乏，並且在日常生活中力行，就能進入內在之光。

19

Happiness
幸福

若望．邁恩神父具影響力與權威，原因之一是他可以說服人相信人是可以幸福的。他讓人有合理的希望，人可以自由與喜樂，人會成長，生命具有意義。能夠讓人那麼正向，那是奇特的恩寵。令一整屋的人相信生命是痛苦的，比說服他們相信生命是喜樂的更容易。人不消說服，便明白生命的終結是不快樂的，或參雜著哀痛。但是，我們好難信服，真正的生命是活在精神的喜樂中。並不是說，若望神父低估了喜樂對我們的要求。比方說，他當然看到我們社會面對最大的問題是：我們對生命的痛苦不敏感，因而，我們不瞭解生命也是喜樂的。我們無法經驗喜樂，因而不相信生命是快樂的。

若望神父在《沉入靜默》書中介紹默禱，他說：「這可能是很新的思想，甚至有點奇異，容我再重複說明默禱的基本技巧……。」那就是他的方法，不斷述說聽起來標新立異的思想。新奇有時可能很吸引人，但是新奇也常令人迷惑，因為它不會持久。若是我們生活在膚淺的新奇經驗，絕對會活在分歧的生活中，因為我們總是專注在如何能高踞在新奇的頂峰，也總是注視自己與做出反應。因而我們一直在追趕，擔心那新奇感消退而必須面對經驗的核心時，會發生什麼事。重複使得新奇消退，重複帶領我們經驗深度的熟悉感，熟悉會產生歸屬感，聖本篤稱之為穩定（Stability），那是幸福與喜樂的唯一安全的內涵，因為它會深根於實體。一味的追求新奇，只會不斷在情緒上、心理上、靈性上拔除自己，對於人際關係也是如此，對一切的靈修操練亦然。

一再重複的結果是紮根，當根基愈沉愈深時，喜樂的生命力開始從中流溢。喜樂賦予生命幸福感，那不是休閒娛樂或是膚淺刺激的結果，而是發自內在的力量。當我們經驗超越表面的膚淺時，愛、幸福、信心的能量就會油然而生。從默禱中，我們學到生命的表面境況絕對無法從表層去改變，只能從底部、從根部往上去改變。信仰的第一個障礙就是，我們不肯相信自己可以快樂，那是因為快樂的經驗被限制在改變表層的結果。我們都心知肚明，那樣的改變維持不久，任何對景況的改變所作的努力，很快就轉變成自我分歧，很快地生活變得悲慘，因為我們甚至不敢再嘗試尋找幸福，愈來愈不快樂。接著另一個信仰阻礙又再出現，我們不認為自己配得幸福，我們必須在生命過程中多次掃蕩這錯誤障礙。每個人都會有對自己看法負面的時候，我們被滲透以為不配得到快樂，在這不公平或不正義的社會，快樂也是不公平的。因此，為了掃蕩這些信仰上的障礙，我們必須瞭解我們不是追求快樂而是追求真理，若是追求快樂，我們只是服侍自己，但若是我們全心全力、熱情地追求真理，我們就會服侍真理。在真理中找到自己時，我們學到愛自己，因而真理會愛我們，真理是個體，會創造愛。

修道院生活的首要目標是全心追求真理，也就是追求天主。當我

們全心追求天主時，我們會在自己之內和修會團體中與耶穌相遇。新修道主義深根於喜樂，令人激賞。因此，

若望神父詢問來默禱的人：「你已經準備好接受你可以擁有的喜樂了嗎？」那是很挑戰性的問題，因為我們常是準備接受悲傷，我們準備好妥協，接受次等的。

但是，要求人準備好接受絕對性、喜樂無比、生命的完滿、最佳的，不接受次等的，這可不容易。害怕喜樂是使得我們在旅途上蹣跚畏縮的原因，這也是為何我們需要在主內，不斷地彼此增強信德的原因，我們被喜樂的強度所懾住。喜樂會帶領我們進入新的經驗的國度，意識的核心不再是我自己或執意追求快樂，而是他人以及享受快樂。喜樂的盼望使得我們害怕，因為我們常忙於追求表面上的快樂，

而忘了如何享受真正的快樂。我們必須學習祈禱的藝術，因而能擅長於生活的藝術：接受喜樂，在受到考驗或悲劇時，等待喜樂的來臨，回歸到存有的深度根基內。默禱不停提醒我們，天主的喜樂在於存有的「深處」，等著我們去釋放它，當我們學到勇敢地在深處尋找它時，喜樂自然會釋放出來。

20

崇敬 Reverence

修道人自我意識比較強，如果我們誠實看待自我意識，就能明瞭修會生活中可能欠缺崇敬。我們可能很驚訝地發現，在修會生活中，最神聖的片刻竟然毫無崇敬之心，真令人汗顏。非基督徒常評論我們的教堂繁忙與嘈雜，沒有崇敬之情，比方說，欠缺靜默或身體靜定。他們也評論我們花很多時間向天主祈求我們的物質所需。

並不是說在教堂裡坐著不可移動，也不是說話語不能豐富對天主的朝拜，而是默禱改變我們朝拜的態度，因為它從內在的經驗教導我們，天主臨在於此時此刻，因而我們朝拜祂的臨在。默禱教導我們修道生活應更加崇敬，因為在默禱中我們經驗到天主的臨在，在天主的臨在中我們朝拜祂的臨在，祂在我們內，如同我們在祂內。我們知道祂的意識與我們的意識彼此相滲入，因為我們被瞭解。當我們體會到我們認識天主，天主也認識我時，最自然的回應，就是懷著崇敬之情靜默，靜默引領我們更深刻地瞭解彼此。

當我們領會相互滲入的臨在時，就能明白朝拜的意義，也會明白任何言語都不是為了天主的好處，而是為自己，它準備我們更深、更崇敬地進入祂的臨在的靜默中。聖奧思定曾經說過，祈求的言語與祈禱，只是喃喃自語，不是告知天主。當靜默無聲，不用言語時，言語才發揮作用，天主的臨在會在更圓滿的意識內啟示出來，因而我們學到真正的崇敬。許多人在童年時以害怕之情看待崇敬，被迫「行為端正」，並且要順從。那樣的教導沒有指出重要的事實：我們本來就有崇敬之情，那是意識的必然功能，真正人性的必然素質，因為少了它，我們會陷入膚淺與迷信。

當我們明瞭有一個比我們更偉大的意識時，我們就學到了崇敬。試著回想你曾經經驗到更高層次的其他意識，可想而知當時你對那經驗的回應，是恐懼而不是崇敬。那是人性的狀況，確實有點恐懼的因素，因為擔心比我們更壯大的事物可能毀了我們。但按基督徒的啟示，當我們向更偉大的意識開放心胸時，會明瞭它認識我們，那認知就是愛。自我認知會令人謙卑，因為天主的臨在教導我們，祂愛我們、認識我們的深度，遠超越人的意識所能愛或明瞭的。當我們的意識對天主開放時，同時認識天主與我們自己，藉由耶穌的意識，我們被賦予能力。耶穌的意識是全然對天父開放，與天父合而為一。當我們靜默時，我們知道祂的人性意識寓居在我們內，藉著祂的愛、祂對天父的認識、對我們的認識，我們覺醒了。

這就是為何我們要藉由默禱之路瞭解自己與彼此的原因，靜默的方法比分析或反省的方法更深入崇敬。藉由分析或反省達到的自我認識，只是自己認識自己，如同單面鏡。但是，在默禱中覺醒而認識的自己，那是天主對我的認識，也是他人對我的認識。天主內的自我認識含有人際關係，那是無止境的。我們經驗到自己是那麼奧妙與謙卑，就如寓居在天主內的奧祕，以天主的認知去認識，因而藉由愛的意識，我們認識祂對我們啟示的一切。因此，任何對自己的認識就是天主的恩賜。天主對我們的認識，絕不是好奇詢問的結果，也絕不是客觀或是分析的認識。天主的認知是愛、和諧，因為那是自我的給予。因此，認識自己的同時是愛自己與犧牲奉獻自己，因為祂對我們的認識是祂給我們祂犧牲的愛。

當人驚歎不已時，就油然而生崇敬之情，柏拉圖說智慧之愛始於驚歎。祈禱必須滿懷驚歎之情，因為驚歎是意識狀態對比我們更偉大之事的開放，不是害怕，而是崇敬與愛。

若是祈禱滿懷驚歎之情，不會因為不瞭解而受困，而會有某種程度的認知與清楚的形象，我們會認真並完整地去看清並明瞭，我們所看到是整個奧祕的一部分。對祈禱驚歎之餘，我們懷著謙卑的心，明

20 —— 崇敬 Reverence

瞭必須向我們的意識更加開放，除非我們超越自我意識的限度，與更大的意識合而為一，否則我們無法全然瞭解。

當我們知道我們所明瞭的只是整個奧祕的一小部分，那是令人振奮與快活的經驗。我們清楚地瞭解，我們在延伸，終有一天會看清整體。我們瞭解如同被瞭解一樣，雖然聽來有點怪異，但是，當你親身體驗喜樂的精神時，你就會發現真正的崇敬。在默禱的靜默與靜止中，油然而生崇敬與驚歎，也從中發出純淨生命的精神，那是天主的降福，對靈性認知的欣喜。自由的精神與深度紮實的喜樂創造驚歎的經驗，我們以深度的信心響應崇敬。這信心給予人力量傳播福音，聖保祿督促初期的教會團體傳播、滋養、感謝福音。那不僅是人性的自我信心，不是因為投了保險就可以自滿，而是以基督為中心的信心，它的來源遠超過自己。

驚歎經驗產生信心、喜樂與淡泊之心，這些都是靈性上的認知，彼此環環相扣。我們用了那麼多的話語，天天一再聽到同樣的話，同樣的想法，我們都變得遲鈍了。許多人會記得，若望．邁恩神父每次讀聖保祿書信時，聽起來好像初次聽到，那就是驚歎。沒有驚歎之心，我們忘了我們所談的、所朝拜的實體是真實的，確實是天主的臨在。只有直接接觸真實的天主臨在，才能發出崇敬與驚歎之心。否則，我們仍然卡在間接接觸的層面，空談或是空想。不可避免的，我們變得非常自我意識，在意我們談話的方式、表達的方式、我們留給別人的印象，因而變得在宗教上自以為很重要，接下來，就會好辯或譴責，這是修道人士最大的禍害或傾向，也是喪失敬畏之心的後果。

然而，從自我重新轉化成崇敬，這過程是輕而易舉，並不需要刻意營造與天主直接的接觸，因為我們本來就與天主直接接觸，聖言已經成了血肉，天主已經降生成人。我們並不需要辯解以達到更偉大的意識，因為愛已經寓居在我們之內，默禱就會有這樣的領悟。

聖保祿在《格林多人前書》中談及基督徒的認知時，如此說：「有知識存在嗎？知識會消逝的，因為知識與先知之恩，只是局部的；及至那圓滿的一來到，局部的就必要消逝。當我是孩子的時候，說話像孩子，看事像孩子，思想像孩子；幾時我一成了人，就把孩子的事丟棄了。我們現在是藉著鏡子觀看，模糊不清，到那時，就要面對面的觀看了。我現在所認識的，只是局部的，那時我就要全認清了，如同我全被認清一樣。現今存在的，有信、望、愛這三樣，但其中最大的是愛。」（《格林多人前書》13：8—13）

21

權力與愛
Power and Love

最近我閱讀吉卜林[8]（Rudyard Kipling）寫給他兒女的書信集，他對子女的愛的定義，讓我很震驚，他可以「對平凡無奇的事物展現無比的熱情」，那讓我想起一句話：隱修生活就是對不顯眼的事物保持不滅的熱愛。同樣地，在遵循默禱的旅程中，保有無比的熱誠，對這微不足道的功課——念短誦，保持熱情。對子女的愛、對團體的愛、對天主的愛中，我們相遇純真的愛，因為那是無私的愛，捨棄自我的力量。

現今的社會，權力是主導社會的價值觀，因而理所當然地，把它看作優良的價值觀，因為權力意指有能力掌控、指揮事件或是人，因

8. 約瑟夫．魯德亞德．吉卜林，英國小說家、詩人。主要作品有詩集《營房謠》、《七海》，小說集《生命的阻力》和動物故事《叢林奇譚》等。一九〇七年吉卜林憑藉作品《基姆》獲諾貝爾文學獎，當時年僅四十二歲，是迄今最年輕的諾貝爾文學獎得主。獲獎理由：「這位世界名作家的作品以觀察入微、想像獨特、氣概雄渾、敘述卓越見長。」

而人們認為最好能擁有這能力。當然，權力可以用於公益，也可能用於邪惡，然而按現況我們不得不相信對他人施與權力是善事，掌控他人是好事，若能完全掌控，那就更佳。我們不會驚訝，默禱挑戰對權力的看法，甚至挑戰我們的價值觀所影響的各層面。默禱引導我們在日常生活中，受到基督的光與福音的教導，它把社會所接受的價值觀，在光照下一覽無遺。

默禱光照「真正」的價值觀，因而這價值觀引導我們的生活，並顯示出兩個價值觀：理想的價值觀與實際上的價值觀。比如說，我們相信必須愛敵人，我們接受這理想的價值觀，但是在實際的生活中卻會調整這價值觀，我們表現出來他們是我們的敵人。我們讓他們清楚自己到底是何許人，並且因為他們是我們的敵人，而付出代價。理想上我們要無私，以他人為中心，但是實際上我們的價值觀幾乎都是以自我為中心。

默禱使得我們難以同時以這兩個天平生活太久，默禱使得這兩個天平彼此調和，當然我們需要忍受自我認清這事實的痛苦。在以自我為中心的天平之上，我們不斷妥協、縱容自己，對自己絲毫不懷疑，最後自己的道德觀腐敗，不但自己不快樂，反而自我排斥。我們喪失了真實，當我們向天主的力量開放時，我們得到釋放。默禱可以把我們從道德的腐敗與虛假中釋放，因為祈禱是整個基督徒救贖工程中必要的部分，那是基督精神重要的管道。以自我為中心的天平，我們自以為有能力掌握自己，可以決定我要成為怎樣的人、必須做什麼、如何做。我們有選擇性，那是我們的基本權利。

但是，只要我們遵循這默禱之徑到盡頭，我們會捨棄自大，也會捨棄自我中心、自我掌控，並非由於我們贊同這理想的價值觀，而是我們因著念短誦而確實做到，所以不斷念短誦是很重要的。我們面臨極大的誘惑而想再奪回權力，停止念短誦。要切記捨棄短誦是假像，因為我們毫無掌握自己的權力。自我會一而再地堅持製造假像（有時，很具說服力、學習力和智慧），自以為有無比的權力。自我竊竊私語：我掌控自己的成長方向。如果我們聽從自我的聲音，我們就喪失了方向，並停止成長。

21 —— 權力與愛 Power and Love

掌控的權力自然是好事，但是很容易淪為暴力。如果說我們對自己有無比的權力，也就是說我們對別人也有同樣的權力，「是為了他們的好處」。默禱棄絕一切權力，在精神上截然貧乏，在那截然的神貧中，我們與唯一的權力——愛的權力相遇。我們很清楚，在我們的內心深處，在生命最具意義的時刻，那就是真實權力的所在。我們遺忘這道理，或許是因為在我們生命經驗中，真愛是那麼稀有，但是，那並不減少其真實性。

默禱逐漸轉化我們的價值觀與行動，因為它教導我們真正的權力在於天主，祂是愛。我們學到，只有當天主的權力直接運作時，其中有愛，天主的精力投注在人類的情境中，此時存在於人際關係與社交關係之中的權力才是好的。天主的愛進入人類的情境時，那裡就有基督。如果我們自認為有權利要求且擁有這權力，甚至設法占有愛，那會適得其反。因而，愛墮落成暴力，不是治癒反而是傷害。因為，愛很容易流於暴力，唯一確保我們不會篡奪這權力的方法是捨棄它，捨棄所有的權力，如同耶穌在十字架上，在全然的神貧中，祂放棄了所有的權力，捨棄對朋友與敵人有權力，祂表明天主的力量就是天父的愛，祂無時無刻在萬事萬物中啟示祂的愛，那是存有的基礎。耶穌捨棄權力的結果，不是失敗或毀滅，這是人常擔心的，而是全然顯示天主對人的權力，那是復活，天主完全賦予人類權能。

短誦那麼微不足道，我們熱情無比念短誦，它會在生活中教導我們價值觀的真正含意，它教導的方法是帶領我們進入耶穌的經驗中：棄絕、神貧、復活。在所有的人際關係中，我們可以認出真正的價值觀，那是愛的精神。我們沒有能力權力掌控，因為那是天主，但是那權力傾注與擴展到每一個關係，超越了渴望、占有、企圖掌控的自我。無論在個人或是社會的關係中，我們開始認出那權力的存在，它不僅引領我們與他人共鳴，更是與他們合一，這就是愛的本質。因著捨棄對他人的權力，我們與他人合一。天主並不只是與人類的處境共鳴，而是與人認同，在耶穌內成為人。

福音就是傳揚天主權力的真意，聖保祿在致斐理伯人的書信中這麼表達：「天主為我作證：我是怎樣以基督耶穌的情懷愛你們眾人。

21 —— 權力與愛 Power and Love

我所祈求的是：願你們的愛德日漸增長，滿渥真知識和各種識見，使你們能辨別卓絕之事，為叫你們直到基督的日子，常是潔淨無瑕的，賴耶穌基督滿結義德的果實，為光榮讚美天主。」（《斐理伯人書》1：8－11）

22

學習接受 Learning to Receive

對於探索短誦的教導，教會的傳統已經啟示很多。若望．邁恩神父在《沉入靜默》書中介紹短誦，他說：「你自己選一句話或是短誦很重要……你應該與你的導師商討，如果你沒有導師幫助你，那麼你就選擇基督傳統中視為神聖的一句話。」他說得很清楚，無論你是由導師引介入默禱，或是自己開始，你能開始默禱，是因為有某種恩賜被賜予你。短誦是恩賜，無論是由個人或是傳統所賜予，因此這

默禱之旅的起跑點是禮物。在這旅程中前進，就是忠實於這禮物。

也就是學習如何接受它，認出這恩賜所蘊含的美麗、驚歎與無限的慷慨。在物質生活中，我們經驗到禮物有時效性，我們剛收到禮物的新鮮感，過一陣子就喪失。在靈性的領域裡，恩賜的禮物歷久彌新，因為我們愈加清楚看到這禮物隱含的慷慨大方，那樣的恩賜禮物是永遠不會喪失的。很難以相信，短誦那麼小的禮物，竟然成為天主無限慷慨的管道。我們的進步就在於對這恩賜禮物的忠信，我們必須學習如何接受禮物，就如同我們學習如何被愛一樣。

但是因為我們想要先給予愛，因而產生問題，我們想要做禮物的給予者，真正的智慧與謙遜（亦即唯一的智慧）顯示給我們，在能夠愛人之前要先學會被愛，在給予之前要學會接受。學會接受恩賜，就會耗盡我們想給別人的一切。接受禮物沒有半吊子的做法，我們只能打開我們得到的一切去接受恩賜。

在這條路上，信心遭遇許多外在或內心的艱難、挑戰、考驗。我們會懷疑恩賜的合適性。我們會說「我遺漏了什麼嗎？我付出所有的一切，以獲得這恩賜，也許我會喪失其他可能獲得的恩賜。」那麼，問題就變得複雜了。我們只看自己，看到不同面向與程度，還有所有必須完成的方面，我們會說：「只接受這小小的恩賜，我就心滿意足嗎？」然後，我們煩躁地自問：「難道不可以加速嗎？難道不可以找別的方法、別的地方、別的書籍，或是任何其他的東西以加速這整個過程嗎？」所有的人都經歷過這樣的挑戰，但是我們很清楚應該如何接受這挑戰，那就是念短誦，接受這恩賜。

許多人遇到這挑戰時，就停止念短誦，因而失去了這禮物的奧妙與寬宏，考驗的時刻正是給我們更深入的機會，我們要懷著純然的信德、赤子信賴的心、剛強的勇氣念短誦，不是要有所得，而是禮物已經給予了，若此時把它擲回，那就太不知感恩了。

忠實於短誦，就能忠實於整個朝聖之旅，那是短誦的象徵意義與靈修的含意。那是走向正直與圓滿的朝聖之旅，那是純然的喜樂，不受任何內在或外在因素的動搖。那旅程走向一個境界，其中毫無虛假，只有愛。短誦使得這旅程樸實無比，因為短誦讓我看到這旅程不是指向未來，而是當下。這朝聖之旅不是「明年的此時我會往哪裡去？十年後我會在哪裡？」這旅程是「我在此，我就在當下」。人深根於當下時，當他需要思考或關切未來時，他不會幻想。他發現到未來就在此時天主的奧祕中，那是經由內心所進入的幅度。那麼，他會開始瞭解每位基督徒蒙召有先知性的超見，能洞悉時間就在於當下的天主內，過去與未來是在此刻的結構中。念短誦與學習忠實於短誦這恩賜，是學習聆聽、觀看、明瞭和愛「當下」。當我們聆聽、觀看、明瞭和愛「當下」時，其喜樂甚於這些感官的能力。這喜樂不斷擴展我們的心與智力，直到我們在基督的心與智力中喪失自己。

我們難免會自問：「我相信這些，但是我無法照樣去做，怎麼會如此？我知道這些言之有理，我真的相信，我有股真實的感覺，可是好像少了些什麼？」那是因為用智力聆聽與觀看是不足夠的，必須用心看與聽，默禱的工作就是開放內心的眼睛與耳朵，而這工作需要時間！還需要有穩定性，也需要有信心與勇氣。當內心的眼與耳敞開時，欺騙與二元論就終結了，不再有失敗或缺失，因為當內心看到與聽到時，會有圓滿的答覆。局外人或旁觀者不會明瞭，只有親身體驗才會明瞭。那全知的天主召叫我們與祂合而為一，這樣我們就能認識祂、看祂、愛祂。

23 深度 Depth

談論靈性時，往往受困於辭句的表達。我們常常使用「深度」這個詞彙，幫助我們瞭解我們所踏上的旅程，並使之個人化。《基督之刻——默禱之徑》[9]中闡明深度的意義：

……不斷念短誦會使得我們整合。因為，短誦帶領我們進入沉靜、專注、必要程度的意識，因而使得我們能敞開心靈與智力，讓天主的愛在我們存有的深度工作。

短誦帶領我們達到「必要程度的意識」。我們常面臨危險，我們思考意識的程度，但是沒有敞開內心。我們思考或解讀有關意識時，停留在大腦思考與想像的層面。這層面的意識固然重要，但它不會打開核心，在那核心內只有天主的愛。天主的愛存在於我們內心，我們由此出發，因為我們是由天主之愛所創造的。因著天主的愛，自我喪失了，也被尋回了。乍聽之下難以置信，天主的愛超越我們受造的起始，而進入天主的深度內。每個人都受邀接受挑戰走上這旅程。談論、思考、解讀有關意識的深度之唯一理由是，使得它真實，幫助澄清不實或雜亂的思緒，那些思緒使得我們不容易進窄門，我們要扔掉多年來所累積的裝備，使得我們簡化與隨時可用。

「存有的深度」這句表述很有用，因為它提示我們自己的經驗不僅是個人性的，我們不再視這經驗為「我的旅程、我的聖化、我的救贖」。反而，我們理解走上這朝聖之旅就是捨棄「我」與「我的」這些詞彙。當我們發現我們的經驗是普世人類旅程的一部分時，我們發現到很重要的觀念：生命只有在整體中才具有意義，整個人類大家庭，整個受造界在聖言內受造，也回歸聖言。我們開始走上悔改之路，回頭來到根源。我們都害怕喪失生命，抗拒失掉它，反抗以保有它，或是用花招以抓住它，然而當我們喪失生命時，會有奇異的經

9.　《基督之刻——默禱之徑》，若望·邁恩神父著作，簡體中文版由天主教上海教區光啟社於二〇一〇年出版，譯者為謝菊英修女。

23 —— 深度 Depth

驗，我們發現到我們所擁有的獨特性，不是因為我們被孤立或是被排除在外，不得進入整體，而是因為我們分享共同的根源。獨特是類似性，不是差異性。藉由分享天主個人的本質，聖三的關係，我們悔改了，從孤立的存有完全進入他人的存有中，聖三的關係是最完美的關係，也表達了一切的關係。融合了差異性，但卻給予我們生命自由，這是很吊詭的，愈深入合一，我們就愈具個人性。

在自我的深處，會找到這樣的合一，那合一的經驗超越思想、想像、語言，一切盡在不言中。只要我們想分析或是說出這合一，我們就不知所云。至少，我們可能無法徹底臨於那共融的氛圍內，因為那需要全神貫注。因此，在默禱時，不必表達、談論，或是概念化，必須純然地在深處專注於那偉大的奧祕，專注祈禱的結果是，在日常生活中，時時覺知基督意識。然而，每件瑣事或短暫的事物與行動相結合，分分秒秒都有其意義與神聖性，因為在那時刻，藉由那些行動顯示出神聖的共融。

當我們有這樣的認知時，我們成長了，每一段生動的關係、每一段愛意的關係必然會成長，愛成長為共融。天主的愛是源源不絕地擴展。無論我們是否喜歡，沒有一個地方可以安頓，我們所獲得的也無法緊握不放。一切必須捨棄，因而可以接受更多。這說明為何短誦含有神貧與純樸的精神，因為短誦使基督徒的生活充滿喜樂與自由，但是短誦也令人覺得吃力。當我們走上這旅程時，我們涉入比自己更偉大的事物。這旅程很吸引人，只有自我主義能抗拒它，而抗拒自我主義的唯一方法就是轉離它，回到真正的自我。我們蒙召做更艱難的事情，那就是真誠的愛。真愛要求我們做「完整」的人，喚出一切隱藏的事物，自私確實躲在自我之後，隱藏在限度、害怕與不安之後。在那虛假的個性之下有本我，本我純樸、自由、整合純然地站在天主面前，本我很苛求，要求我們回應，事實上基督就是回應。因著基督的回應，有股動力進入人的意識，那動力終結孤立，起死回生。當基督響應那更深的層面時，基督的能量會產生平安，我們可以在共融中找到那平安，因為孤立中不會有平安。

深度的平安徹底改變我們的世界。我們必須進入那微妙的平衡生

23 —— 深度 Depth

命，與聖神相共鳴，找到回應基督動力的純樸與微妙。進入深層，打開那深層，意思是變得脆弱且保持脆弱，不僅是在祈禱中，也在每天的生活中。愛創造脆弱，憐憫或無條件投入的脆弱。當我們成熟時，我們也必須學習有復原力，因為脆弱使我們會受傷，不可因著受傷又把自己封閉起來。在脆弱性與復原力之間有特殊的平衡，那是獨特智力、心理、靈性的混合物，那也就是人類的存有。每個人都是從某種不平衡的狀態上起步，但是我們都是蒙召達到同樣的平衡與向心力，同樣都在基督內紮根，基督受過傷，但是因著寬恕而超越，因而得以復原。

24

想像 Imagination

默禱傳統中最激進的想法是，想像是祈禱的大敵，若我們想要向當代傳達基督信仰的豐富完整性，以及我們所追尋的神聖旅程，我們必須明瞭為何想像阻礙祈禱？

當你已經默禱一段時間之後，你會發現默禱跟其他的活動不同，對待默禱的態度不同於對待其他的事情，有些事情是可以相容，有些是不相容的，最終我們必須放棄那些不相容的事情。默禱逐漸地且肯定地會改變我們的生命，務必忠實於這旅程。「唯獨堅持到底的，才可得救。」(《瑪竇福音》10：22）若忠實到底，所有的事情都會自然揭曉。但是，為何默禱跟其他的事情那麼不同，可是又那麼相關？

默禱以外的事情大都是目標取向，有明確的目標與方法，按達到這目標的成敗做評價。生命中默禱以外的那些事物在某種程度上都可以依成敗衡量，因為我們可以衡量達到我們雄心壯志的程度。同樣，那些事物在某種程度上也可以被掌控，因為它們可以被測量，我們可以增加或減少表現。生命中那些事物都在意識上與自我增進或自我滿足有關聯。然而，這些方法都不能應用在默禱上。確實，我們剛開始默禱時，也會有這種態度，但是持恆操練時，這態度會逐漸淨化。我們默禱是自然而為，並不是想達到什麼目標或是達到更高的水準。

默禱以外的活動都有共通的特質，它們都與想像力密切關聯。比如，生命的目標如果已經達成，就不再是目標了，目標的定義是預期未來要達到的。評估與自我檢討需要有想像力，這樣才能評價自己或他人。所以，所有這些活動的共通點就是想像力。我們生命的每個層面，或多或少都受到各樣想像力的控制，我們認為的成功與高度的想像緊密相連，具想像力的人大多會成功。

想像力與形象有關，且造就這世界，我們若忽視它，就無法成為正常有創意的人。我們需要健康、不執著的想像，才能過得好，以及得到有創意的回應。我們的經驗會塑造形象，但是假以時日我們能領悟到超越形象的事物。人天生就知道天主是造物主，還有不可見的天主聖神寓居在我們之內。這個超越形象的幅度我們稱之為「實體」：我們看不見天主，也知道這不是隱藏的知識，那是一股動力，且激發我們拓展。我們明瞭這觀點就是表示接受這召叫，除非我們答覆這召叫，我們無法進入圓滿的實體或存有。我們蒙召進入超越形象的幅度，除非我們做到，我們無法成為真實的。進入那超越形象的幅度，顯然地，其意思是揚棄想像。

我們面臨的問題是，普通意識中最強勁的就是想像力。想像力是股力量，使得我們與現世的形象相連結，平常的生活中不可缺乏想像，想像與形象嬉戲玩耍、塑造或解體各樣的成分，具創意的成分，我們稱之為想法、計畫、思想、藝術。這力量威力無比，當我們想要擺脫它時，它反而窮追不捨，甚至要控制我們，常常如此，否則那些論述祈禱的偉大作者不會總是強調必須超越想像，以及其困難度。

但是，現今的社會，想像在社交與心理上牢固地突變，使得要超越想像困難重重，我們的想像被無情地剝削、被陰險地刺激、被專精地操縱，因而想像變得過度活躍且執迷不悟。因此，當我們默禱時，不可讓想像發威，默禱時我們需要的力量是信德。信德是完全地開放，想像被淨化，對超越想像的領域開放。基督徒默禱的力量是來自基督的信心，對天主的開放，對天主的洞察力。這是源自實體本身的力量，因為信德是力量，天主藉由信德的力量啟示自己。實體是天主，天主是愛。因此，當我們為了實體而揚棄想像時的那股力量，就是愛。

捨棄想像，對實體的力量開放，那是很棘手的事，我們很容易又溜回想像，做白日夢是最常見的意識。想像的面向層出不窮，我們甚至可能迷惑自己，幻想捨棄想像後會是怎麼樣？我們需要依靠短誦，那是信德與愛的力量之核心。

信德的第一步是念短誦，那是開啟大門的鑰匙，因著愛的大門敞開，愛是信德與基督的力量。

因為短誦專注於信德與愛，我們懷著清純的信心與純真的愛念短誦。

當我們超越想像的領域，我們進入貧乏的精神中，那是真正的貧乏，因為想像是我們最大的寶藏，捨棄了想像，我們是真正的貧乏，這是無法用想像理解的，必須確實去做。當我們進入神性的領域，那是實體的領域，超越了想像，那時我們就更加徹底貧乏。當我們啟程時，我們需要明瞭踏上貧乏、純真精神之旅程是很刺激且冒險。在生命中，沒有其他的旅程可以相比擬，因為當我們進入實體的幅度、超越想像的愛的幅度，我們會與愛的天主相遇。我們認清、明瞭、愛這唯一真正的形象，其他的形象都只是反射而已。當我們捨棄想像時，我們領悟實體的形象，一切想像的形象都消除了。我們明瞭、看清、愛基督，祂是天主的形象。在這純真的洞察力中，沒有困惑、沒有模糊，因為沒有想像。在那洞察力中，萬物都散發出實體的光芒，我們在光明中一目了然。

聖保祿受到這超見的激發，因而寫了以下的書信給哥羅森人：全力加強自己，賴他光榮的德能，含忍容受一切，欣然感謝那使我們有資格，在光明中分享聖徒福分的天父，因為是祂由黑暗的權勢下救出了我們，並將我們移置在祂愛子的國內，我們且在祂內得到了救贖，獲得了罪赦。祂是不可見的天主的肖像，是一切受造物的首生者，因為在天上和在地上的一切，可見的與不可見的，或是上座者，或是宰制者，或是率領者，或是掌權者，都是在祂內受造的：一切都是藉著祂，並且是為了祂而受造的。祂在萬有之先就有，萬有都賴祂而存在。（《哥羅森人書》1：11－17）

當我們默禱時，生命的幅度超越想像。

25 傳統 Tradition

若望．邁恩神父在教導時話語精簡，但很有分量，他深深地與傳統相關連，並與之整合，我們也都是傳統的一部分。他在《沉入靜默》中談及默禱的方法：「伽仙（Cassian）接受這方法，在他的時代，那是很古老的傳統，也是萬古常存的傳統。」當這傳統深入個人化時，傳達傳統就會變得權威性。傳統可以經由書籍傳承，印刷的文字是傳遞工作的主要來源。但是，讓傳統生活化是個人對傳統的經驗，個人對傳統的認同。按基督徒的信仰，當我們談及傳統時，我們不是談論神學或哲學，也不是談論想法。事實上，我們是在談論一個人，一個活生生的、永垂不朽、普世性的人，那就是耶穌這個人。

25 傳統 Tradition

耶穌教導福音並與福音融合。真正的老師是身教，他的教導就是做他自己。因此，我們談及基督徒的傳統時，個人的領域也必須真實，因為我們只能從個人的經驗談論傳統，就如我們必須與耶穌有個人的相遇經驗，才能顯示耶穌本人，祂自己就是福音。傳統必須與個人的經驗合一，那是傳承的力量，個人的經驗是擔任基督信仰導師的條件，猶如聖保祿，開始宣教時即說：「我不是用哲理或是人類的智慧對你說話，而是以聖神的力量。」聖神的力量就是愛，因此若望．邁恩神父接著說：在愛中，傳統與個人的經驗融合，那就是祈禱之刻。

修道院常是傳統的焦點，隱修生活在基督宗教的傳統洪流中有其重要的一席之地，因為修道院的主要目的是獻給愛的時刻。因此，修道院是無時間的，必須出世活出愛，愛是超越時空。出世並非唾棄或逃避世界，而是前進到一個新的時空幅度，使每一位隱修士寓居在基督的時刻內，並發現愛的時刻包含了時間，永恆的時間。

隱修生活是無階級且永恆的，隱修生活的習俗世代相傳，在社會上扮演重要的角色與意義。當隱修生活變成儀式與習俗的博物館時，它就失去了永恆的特性，變得老舊過時，脫離現實。當它具有永恆的特性時，它在當代就具先知性。因為在隱修院的生活中，時間的幅度是按祈禱的時間衡量的，外人看來那是機械化與無聊的慣例，修道院內的人卻認為是意識的擴展，超越了正常的時空限度。不斷回歸祈禱的時間創造出每日生活的常規、生活作息時間的結構。在每個祈禱的時段，時間與永恆交織。在我們平凡、易犯錯的、終究會死的意識裡，我們向寓居在我們內的耶穌的意識開放，我們的意識與耶穌的意識交錯，迸出愛的火花，不僅發生在祈禱的時刻，而是無時無刻，且逐漸顯明確鑿。因此，一個獻給愛的時刻的團體，會逐漸察覺到天主時時臨在，不停地祈禱。

必須行動才能獲得歷史或文化的傳統。如果你想汲取英國文學或梵文經典的傳統，自己看書自修是不夠的，你必須下工夫。進入基督信仰的活傳統（即是耶穌的生活），必須要下工夫作祈禱，並不是花時間研讀，而是神修上的覺醒。不是費盡力氣的覺醒，而是在沉靜中覺醒，默禱中的覺醒與其他工夫或活動的覺醒是有些差別。下工夫覺醒，目的是要沉靜，沉靜中覺醒油然而生。那是很具創意的工夫，因此需要有整合的生活，個人必須有紀律與毅力。所有創意的工作都會消耗能量，但是一旦完成了，會煥然一新。藝術家與作者常會一段時間避開創意的工作，他們做其他的工作以避開寫作或繪畫，如：商業、管理、勞力工作等。修會人士也常避開祈禱的創意工夫，而念很多的祈禱文，進入宗教性的忙碌或把祈禱變得像例行公事。他們念很多的祈禱文以避開不念具創意的短誦。

基督徒的生活也蘊含著愛的創意工作，愛的時刻超脫祈禱的時間，延伸到日常生活、平常的人際關係與掛念的事務。因此，默禱這個具創意的工夫，如同愛的工作一樣，無時無刻出現在日常生活中。當我們下工夫不再自我或自我反思時，愛就會出現。我們不可能自私地默禱，平常的生活中只顧自己，看自己默禱的進展，因為默禱時，我們時時以他人為中心。有時候某些人避開愛德的工作，而去從事其他的工作，如：極端禁欲、守齋、迷戀自我，這在基督信仰的傳統中容易發生。然而，念短誦使得我們真誠學習愛德，保護我們不分心，即使有時分心走意，也是為了聖化。我們不可能深入祈禱卻遠離愛德，在愛中我們與他人相遇，因著與他人的相遇，加深我們與耶穌的相遇。

第二部

純樸之路

A Simple Way

Introduction
作者引言

在默禱時，我們會發現看見天主與凝視天主之間的差異。在默禱時，我們並非凝視天主，也不是凝視自己，而是達到純淨地看見天主。換言之，當我們默禱時，我們開始進入初期基督徒所謂的「純淨之禱」。稱之為純淨，是因為默禱能淨化內心的形象、欲念、懼怕、和複雜性。純淨就是純樸。當我們默禱時，我們既不是向天主說話，也不是思考天主，更不是把困難帶到天主的門口，將難題釘在天主的佈告板上，請求天主解決。

耶穌說：

天父在你們求祂以前，已知道你們需要什麼。

有些祈禱確實需要說話、思考和圖像。這樣的祈禱方式有效也有用。事實上，任何的祈禱，只要有誠心，都會有效且有益處的。因此，默禱並非想要取代其他的祈禱方式。但是，我們需要明瞭怎樣的祈禱才是誠心，而且瞭解誠心的真意是什麼。

1 以天主為中心 God at the Centre

在《瑪竇福音》第六章中耶穌教導我們如何祈禱，首先祂說：

進入你的內室，向你在暗中之父祈禱。

不要在十字街頭立著祈禱，欲求他人的讚賞。耶穌說祈禱要簡單，當你祈禱時，不要嘮嘮叨叨或是玩心智遊戲，只要停留在現在這刻。祈禱時，要放下擔憂與焦慮，切勿在心中分析或歸納這些瑣事，也不要思考解決的辦法。

2

從心裡發出的祈禱

Prayer of the Heart

事實上耶穌對祈禱的教導，給默禱一個完美的描述。耶穌教導靜觀，並告訴我們什麼是真誠。福音中耶穌教導我們要出自內心地生活、說話、祈禱，這就是真誠的內涵。當我們祈禱時，總想改變周遭的人與事物，結果個人的意向變成了祈禱的重心，期望世界會變得更好，我們的生命會變得更好。

但這樣的祈禱有點問題，因為祈禱首要的原則與重點，不在於個人的意向。不要想試圖以一己之力改變這個世界，因為那是天主的事。如果我們願意與天主合作的話，祂會藉我們去工作。當我們祈禱時開放內心而預備改變，就表示我們的誠心。真正需要改變的是祈禱者自己。

一個人若準備接受改變，他做祈禱這件事，便已改變他了。之後，當然，世界肯定也會改變（即使僅是微不足道的改變），因為我們是世界的一份子。

3 專心 Attention

因此，默禱時不要帶入個人的意向與祈求，卻要專心致志。我們不是表達個人意向，我們要全神貫注。這是默禱以及種種默觀生活純淨的視野，故此我們不是玩味有關天主的某種思想或形象。我們不是向天主說話，也不是思考問題，而是做更高超的事。

若望・邁恩神父曾說，在默禱中，人能發揮和實現人類最深邃的能力，因為這是與主相偕，活於主內。

4 靜默 Silence

容我簡述默禱的方法。

默禱時，經熟習後發展的第一個元素便是寂靜。這就是聖本篤所說的「*quies*」，意思是靜寂地保持靜止。

因此，默禱時，首先要學習安靜坐下，身體儘量安靜不動，這聽起來好像是偉大奧祕之旅的初步階驟。每次默禱時，只要你寂靜，這樣你會獲益不少。

若望・邁恩神父曾說，只是學習安靜坐下，不煩亂，默不作聲，這樣每次的靈修之旅就可令我們獲益不少，因為那是超越欲望的重要一步。

安靜坐下時，我們以愛表達關心他人的福祉。當你操練默禱後，或許會想加入默禱小組。若望・邁恩神父鼓勵想做默禱及願意持續默禱的人，在默禱中培養團體的恩寵。默禱時，在房間內坐在你旁邊的人，就是你的近人。以後，無論在公車上或超級市場排隊時，你旁邊的人就是你的近人。做默禱時，首先要安靜、放鬆而認真。然而當內心慢慢地靜默時，你會發現思想反而無法安寧，思想開始到處流竄，興致高昂，當中充塞著恐懼、渴望、幻想、回憶、計畫。一開始，你會想跳起來跑掉，如果你真的如此做，你只是在逃避你自己，後來你會發現你不能逃避自己，你總是埋伏襲擊你自己。

5 我在 Being Present

曠野教父（沙漠教父）是祈禱的導師，若望神父從曠野教父的教導中重拾默禱的傳統。按曠野教父的說法，興致高昂、思想波動是一個很重要的標記，你必須知道如何解讀。初期追隨基督的隱修士明瞭人的思想分心走意是原罪的後果，因為我們沒有辦法專心於天主此時此刻的臨在。天主真的時時刻刻親臨於此，天主便是此時此刻，同樣的我在這裡，我也屬此時此刻。要不然在哪裡呢？可是，怎麼我們卻覺得天主是虛無的呢？為何天主好像離我們很遠呢？為什麼有時覺得天主好像根本就不存在呢？不是天主是虛無的或是不存在，而是因為我自己不真實、不全心全意、不真誠地處於此時此刻。

當你默禱時，猶如在鏡中反觀生活中的實相。當我們靜坐默禱時，我們的思想顯示自己的實況：分心、混亂、煩躁、不安、害怕、驕傲，內心充滿夢想、幻想、恐懼、焦慮，醞釀著憤怒或受傷而生的怨恨的種子，隨時準備爆發。如果你分析在某個時刻你到底在想什麼，你會發現大都是在回憶過去，總是混亂不堪。你可能隨時操心今天到這時刻所作的事情、上星期發生的事，或是很久以前的陳年創傷事件。倘若我們一直活在過去，我們不可能感受平安或喜樂，我們可能時時感到悲傷、懷舊、氣憤、懊悔、自責。

若我們不沉湎於過去時，我們通常就是在幻想未來，計畫今晚、明天、明年或是二十年後退休了……我要做什麼。當我們計畫未來時，常常感到焦躁，欲求操控現實。

所以，我們很快就感到不安或害怕，因為事事無常，我們明瞭我們是無法完全掌控現況。

當我們計畫或幻想未來時，通常會激起人對死亡的害怕，這是最基本並且是最常被壓抑的恐懼。

活在過去，無法快樂；幻想未來，也不會擁有任何平安或喜樂。思想總會四處流蕩，可能跑到迪士尼樂園中做幻想美夢或作白日夢。法國天主教女神祕主義者西蒙娜・薇依（Simone Weil）曾說過：「白日夢是一切罪惡之源。」我們浪費那麼多時間做白日夢，這句話對人真是當頭棒喝，因為回顧或幻想只能短暫地逃避現實，最後，我們必須重新回到地球表面，可能撲通一聲，即重回現實凡塵！所以在迪士尼樂園，我們找不到平安或喜樂，只是暫時逃避現實，放個假而已。

我們要往哪裡去？

這句單純、真誠的問語，開啟走向靈性之旅的大門。

現今，我們可以清楚分辨思想的三個狀況：活在過去、活在未來、活在白日夢裡。這些狀況都無法讓你從真理中獲得深度的滿足，亦不能獲得平安，也無法找到純淨的喜樂的泉源和真正的快樂。

真的有平安嗎？純然的平安真的存在嗎？我們可能在身外找到平安嗎？如果可以的話，平安在哪裡？我們要做什麼？我們尋尋覓覓透過辨別，最後發現，還是必須回到唯一可以找到天主的地方，那就是「此時此刻」。在整個時空中，唯有於「此時此刻」才能經驗天主。這就是我們所謂的默觀、默觀生活、默觀狀態，那就是切切實實地活於此時此刻。

6 窄路 The Narrow Path

默禱時，我們就是練習走窄路。默禱時，我們的心思回顧「過去」到幻想「未來」時，思緒總會四處流竄，其中還夾雜許許多多的白日夢，但是，每次做默禱時，我們要學習盡一己之力、全心全意地，以慷慨的心專注於此時此刻。我們不是思考此時此刻，而是全神貫注於當下。

當我們的思想充份靜止、靜寂時，我們留心、等待溜進此時此刻的真實面。

要達到這種境界就需得其法。事實上，只要簡單的自律和靈修訓練便足夠，那是一個非常簡單的方法，在某種形式上，也可在其他早期的宗教傳統中找到。若望．邁恩神父在馬來亞生活時（參見第一部作者引言），初次經驗到默禱的方法。之後，在他所屬的基督宗教傳統中，在初期基督宗教的隱修士、曠野教父與教母的講道和故事之中，他也再次發現這個方法。

這些靈修大師皆建議練習專心致志，這是導入內心純淨的方法。他們建議默禱時，選一個字或一短句，在默禱的整個時間內，不斷地一心一意重複念這個字或短句，或是短誦。忠實純樸地、不停地誦念這個短句或短誦，能將你的思緒收攝於內心。

6 —— 窄路 The Narrow Path

不斷地重複誦念短誦，內心自然會開闢一條寧靜的小徑，引導你穿越內心的吵雜、分心、煩躁、心情起伏。切記耶穌所說的「生命之道」。祂說：「那導入生命的路是多麼狹窄！找到它的人的確不多。」

7 The Word 短誦

選擇短誦很重要，比如你可選取耶穌的名字（耶穌禱文），這是很古老的基督徒短誦。你也可以念「阿爸父呀」，耶穌在祈禱中，將「阿爸父呀」這句話神聖化。我個人則推薦若望．邁恩神父所教導的短頌 *Maranatha*，這是很古老的基督徒禱詞，*Maranatha* 的意思是「吾主來罷」，這是阿拉美語，是耶穌時代的語言。聖保祿在《格林多人前書》16：22中使用過這個詞語。

如果你選「*Ma-ra-na-tha*」做短誦，要將其分四個均等的音節：*Ma-ra-na-tha*，在內心很清楚地念出這個字，一面默念一面聆聽，切勿思考這個字的涵義。默禱不是思考，要放下所有起伏的思想，不必鼓勵也不用刻意排斥。在默禱中，即使有再好的思想論點，或是任何靈性上的啟發，也都要捨棄，捨棄才是純淨的神貧。我們必須捨棄一切，在內心念短誦，別無它求，因為「神貧的人是有福的，因為天國是他們的。」這條走向神貧的康莊大道，就是忠實地、慷慨寬宏地重複念短誦。重複念短誦，會讓你捨棄一切，也獲得一切，獲得靈性的自由和寬宏。

當我們與基督的心思合而為一時，我們所關注的，就是天主所關注的。驟然間，發覺我們正在專注於天主。

8 自律 The Discipline

重複念短誦，是很重要的訓練，也是默禱的藝術。安然靜坐，背部挺直，這是最基本的坐姿，可以讓你保持警覺與醒寤。然後，溫和地、在內心默念短誦。按傳統的教導，整個默禱的時段，我們由始至終要不斷地重複默念短誦，事實上，每天早上、晚上默禱時，也是如此。默禱時在心中不斷地重複念短誦，不要更換短誦，因為有不間斷恆久的練習，可以使這句短誦（逐漸地，不知不覺地，但是千真萬確地）融入紮根於內心意識的深處，使我們置身基督的領域，在祂內深深紮根、成長。

9 放下自我 Leaving Self Behind

念短誦，是基督信徒默禱的心傳，不是一些花樣技巧。專心念短誦，需要功夫，要捨棄自我意識，就是耶穌說的捨棄自己，但不是靠猛力起勁的功夫，我們不可能以恨自己的方式來愛天主。所以，不要用勁或費力。練習專心跟用猛勁集中注意力不同，不是緊皺眉頭或戰戰兢兢。如果你這樣默禱，不僅徒勞無功，也無法持久。持之以恆很重要，必須每天早晚修習。用猛勁集中注意力是無法持久的，卻要時時刻刻生活在專心致志中。

專心致志：我們應時時刻刻如此。

耶穌曾邀請我們跟隨祂，全神貫注在耶穌所專注之事。要專注一事，我們必須抽離自我，這是世上最簡易也最困難的事。但是，一旦我們品嘗過其中的甘甜滋味，知道如何做之後，這便成為我們唯一值得做的事。於是，自私與自我中心的思想逐漸成為不合我意的。我們會不知不覺地出自內心愛他人，而不只是盡本份。正如傳統智慧所說，默禱激發憐憫之心。

基督門徒的召叫就是如此簡單、徹底和奧妙。真正的忘我，就可以發現真正的自我，我們超越個人化、狹窄、以自我為宇宙的個人主義，而進入基督博大、博愛的心思。這是要靠實際功夫，不是憑空想像。

10 基督的博愛 The Universal Love of Christ

默禱的基本神學是：在我們的存有與內在的核心，就是基督的心神。基督在我們內心祈禱，與我們一起祈禱，也為我們祈禱。祂在每個人的內心深處，關注著我們。這純然的關注是很私人性的，並且是很獨特的，專注於你和我，每一個人。但這也是完全普世性的，基督關注所有曾活著，現在活著以及未來所有世界歷史中的人。基督這獨特的博愛存在於我們內，因為祂一直專注在那位祂稱為阿爸、父的，即那位基督承認為祂存有的根源與終向。耶穌說：「我知道我從哪裡來，往哪裡去。」

默禱不等同於你所思所想。
任你所思所想起起伏伏，全部都不要留下：
不鼓勵、也不抵抗。

天主是一切生命的根源，祂召叫、創造萬有，因為祂全神貫注在其內，天主出於愛而創造萬物。

你、我、以及所有的人，是因為天主的愛而存有，天主以神聖而專一的愛情目光凝視我們，保存我們。

這一切就是基督徒默禱中持守靜默的至奧妙意義。我們的存有既從天主神聖的專注而來，我們也就集中精神在天主神聖的專注中。要做到這點，我們要與極端專注的基督在愛內合而為一。

你們全心全意全力愛上主，你們的天主。專注是默禱的甜美果實，那是一種自我蛻變的自然流露，因為你心裡明白天主眷愛著你。

10 —— 基督的博愛 The Universal Love of Christ

當我們知道並且確信自己是被愛的時，我們就改變了，世界也隨之改變了。

11 The Practice 做就對了

溫和地、慈愛地、忠信地、專心地在心中念短誦。不要勉強，但要不停地重複念短誦。

每次你靜坐開始默禱時，二秒鐘之後（如果幸運的話）你會開始想起過去、計畫未來、產生一些幻想，或做白日夢、想像與人對話、感到害怕、陷入焦慮、甚至開始盤算計畫。藉著天主的恩寵，你會突然察覺到自己分心了，這恩寵會一再出現提醒你，因為此時聖神也在你內祈禱。

一旦你發現自己不再念短誦，不要浪費時間自我批判或檢討，只要立刻再恢復念短誦即可。

放棄一切關於成功和失敗的念頭。

捨棄一切成敗的念頭。你的自我往往會告訴你：你的默禱做得不好，這是浪費時間，你是很差勁的默禱者，默禱沒有什麼趣味，做其他更有滿足感、更速成的事吧！如果你聽到這些雜音，大可一笑置之地說：「請走開，現在我沒有時間聽你胡說八道！」默禱改變了你的生命，默禱幫助你不再執迷於成敗之念頭。切勿浪費時間沉迷於這難以抑制的自我惡習，這樣的分心非常危險。一旦發現自己停止念短誦，就像小孩子一樣謙遜而單純地再回復念短誦。耶穌說：「你們若不變成如小孩子一樣，你們決不能進天國。」

以上所說的是默禱的基本重要教導。許多人找尋更神祕或更複雜的方法。我個人的經驗非常有限，但我相信默禱傳統偉大的集體經驗。

不要期待會發生什麼事。若望・邁恩神父曾說：「如果真的發生了什麼事，不要理會它，如果沒有發生什麼事，就心存感謝。」這是默禱傳統的智慧。

最偉大的奧祕僅在純樸的康莊大道上彰顯，不可能在神祕的旁門左道中出現。

12 純樸的力量 The Power of Simplicity

修習純樸之心可以淨化自己與生活，修習純樸之心時，天父存有的奧祕將因而彰顯出來，你會看清楚存有的本質，而且你真正的自我也會更加明朗化，你將會認識自己，因為你就是你自己。純樸的力量使我們超越了黑暗的勢力，因為惡勢力阻止我們與他人建立愛與治癒的關係。純樸使我們彼此之間自然地流露出慈悲之心，這都是出自我們本性的直覺。

有一次耶穌祈禱說：「父啊！我稱謝你，因為你將這些事瞞住了智慧及明達的人，而啟示給了純樸的小孩子。」

最重要的教導就是純樸本身。無論你已經做默禱二十五年，或是才剛剛開始第一次做默禱，或者是你已經做默禱有一段時間，但是中途放棄了，無論你是固定每天默禱兩次，或者是不固定，或是隨興斷斷續續的，無論是今天或是每一天，我們都是重新開始默禱，從現在這一點出發，因為我們都是新手，我們只是循著原來的途徑，以純樸之心再度起步，再度學習。

13

現在就開始默禱 Meditate Now

只是聽或讀過有關默禱的事，然後閉上雙眼片刻，便又忙於自己的事，根本是徒勞無功、浪費時間。現在就開始默禱。花幾分鐘讓自己坐得舒服自在，轉轉頭、動動脖子與肩膀以鬆弛壓力。兩腳著地，如能脫鞋子則更可以感覺放鬆，也可以提醒自己在默禱時，不任意走動，留意一下自己的身體狀況。默禱不是心智的訓練，而是全人的祈禱，這是最天人合一、最整合的祈禱，這是純樸的祈禱。

在心中，不斷溫和地、忠實地念短誦，傾聽短誦，專心一致於短誦，重複誦念。

不思考，讓身心整合的好辦法就是暫時留意呼吸，專注在你的呼吸。吸氣時要放下所有意念、心事和情緒。當你吸氣時，是接受生命之恩賜；當你呼氣時，你是在歸還那恩賜。

默禱的精華是接受存有的恩賜，同時間保持著不去占有。

默禱使我們不會將恩賜變成私人擁有物。此外，還要留意默禱時所處的空間，如果你獨自做默禱，事實上你並不孤單。若你與他人一起做默禱，相對地你是在共融中獨處。我們共同分享存有。無論是獨自一人或是團體默禱，盡可能安然靜坐，溫和地讓身心放鬆與平靜，雙手放在膝蓋上或腿上，不可彎腰或聳肩，臉部、額頭、下顎的肌肉都要放鬆。

以心思默念短誦，不要與雜念鬥爭，所要做的只是放下！持續、輕柔地、懷著信心念短誦，聆聽短誦、專注於短誦上，懷著信心重複短誦。我建議你可以念Maranatha。*Ma-ra-na-tha*。

默禱二十至三十分鐘，也可以用計時器或類似的工具。可在默禱之後念一段聖經，然後，對你內心的聖神致敬，起立，再度回到你充滿驚奇神奧的生活。

耶穌說：「我將我的平安賜給你們，我所賜給你們的，不像世界所賜的一樣。你們心裡不要煩亂，也不要膽怯。我對你們講論了這些事，為使我的喜樂存在你們內，使你們的喜樂圓滿無缺。」（《若望福音》14：27；15：11）

How to Meditate 默禱 1・2・3

坐下來。坐定，坐直。

輕輕地閉上雙眼。

身體感覺是放鬆的，但要維持警醒。

靜默下來，開始念短誦。

我們建議你試試看念*Maranatha*。四個音節用一樣的長度默念。聽自己念，彷彿你念出聲來。

輕柔地、持續地念。

不要思索或是想像任何事情，精神上的也不行。

如果思緒或是形象湧現，在默禱時使你分心，請繼續回到簡單地誦念短誦。

每天早晨和晚上默禱二十至三十分鐘。

Appendices
附錄

普世基督徒默禱團體

普世基督徒默禱團體（The World Community for Christian Meditation，WCCM）是聯結在基督徒默禱操練之中的大公、博納、普世性的靈性家園。

團體受本篤會會士若望·邁恩神父（John Main O.S.B.）的願景啟發，默禱作為一種恢復基督徒生命和全社會默觀幅度的方法。團體分享默禱的智慧和操練的廣泛成果，「服務於人類的團結」和搭建信仰與文化間理解的橋梁。

團體的國際中心位於法國普瓦捷（Poitiers）附近，歷史悠久的美麗谷隱修院（Bonnevaux），致力於以日常默禱操練貢獻全球各地的和平與對話。

歡迎訪問團體網站 www.wccm.org。

聯繫我們

普世基督徒默禱團體遍布一百多個國家。若您渴望與所在國家的小組一起默禱，請聯繫您的國家聯絡員，他們將竭誠提供幫助。請訪問WCCM網站的以下頁面以獲取相關聯繫。

http://tiny.cc/nationalwebsites

若您渴望加入網絡默禱小組，請訪問 http://tiny.cc/onlinegroups，以獲取不同語言和世界時區的網絡默禱小組資訊。

您也可以聯繫WCCM國際辦公室：

WCCM國際辦公室

電話：+44 20 7278 2070

電子郵件：welcome@wccm.org

收看基督徒默禱課程，請訪問以下網址 https://reurl.cc/ErleA0

美麗谷隱修院——和平中心
Bonnevaux: Centre for Peace

美麗谷隱修院（Bonnevaux）是普世基督徒默禱團體的國際默禱和退省中心。該中心建基於一所始於十二世紀、延續七百年、以默觀服務世界、以《聖本篤會規》為生活指導的古老隱修院。

自二〇一九年以來，一個長居團體在此生活。在日常生活中遵循本篤會靈修精神，平衡每日祈禱、工作和學習時間。接待訪客，主持退省避靜，舉行工作坊，分享美麗谷精神，使參與者亦可分享其使命。

該中心還開設廣泛的線上課程，包括退省避靜、工作坊和其他課程。

美麗谷隱修院為普世基督徒默禱團體賦予了一個傳授默禱的重要新維度，以幫助培養現代人應對全球挑戰，以期和平、幸福生活的默觀方式。

歡迎訪問美麗谷隱修院網站 **www.bonnevauxwccm.org**。

國家圖書館出版品預行編目（CIP）資料

我心裡的光：基督徒默禱的練習指引／文之光（Laurence Freeman）著；普世基督徒默禱團體譯. -- 初版. -- 臺北市：星火文化, 2022.07
240 面；17×23 公分. --（Search；14）
譯自：Light Within and A Simple Way
ISBN 978-986-98715-6-3（平裝）

1. CST：基督徒　2. CST：祈禱

244.3　　111008448

Search 014

我心裡的光：基督徒默禱的練習指引

作　　　者／文之光 Laurence Freeman OSB
譯　　　者／普世基督徒默禱團體 WCCM
校訂者暨內頁圖片提供者／肖筱
執 行 編 輯／徐仲秋

出　版　者／星火文化有限公司
　　　　　　臺北市 100 衡陽路路 7 號 8 樓
營 運 統 籌／大是文化有限公司
業 務 企 畫／業務經理：林裕安　業務專員：馬絮盈　業務助理：李秀蕙
　　　　　　行銷企畫：徐千晴　美術編輯：林彥君
　　　　　　讀者服務專線：（02）23757911　分機 122
　　　　　　24 小時讀者服務傳真：（02）23756999

法 律 顧 問／永然聯合法律事務所
香 港 發 行／豐達出版發行有限公司
　　　　　　Rich Publishing & Distribution Ltd
　　　　　　香港柴灣永泰道 70 號柴灣工業城第 2 期 1805 室
　　　　　　Unit 1805, Ph. 2, Chai Wan Ind City, 70 Wing Tai Rd, Chai Wan, Hong Kong
　　　　　　電話：21726513　　傳真：21724355
　　　　　　E-mail：cary@subseasy.com.hk

封 面 設 計／林雯瑛
內 頁 排 版／黃淑華
印　　　刷／韋懋實業有限公司

■ 2022 年 6 月 30 日　初版　　Printed in Taiwan
ISBN／978-986-98715-6-3　　定價320元
（缺頁或裝訂錯誤的書，請寄回更換）